决定女儿未来的书！教她面对成长，好好爱自己

好妈妈说给青春期女儿的悄悄话

静涛◎著

黑龙江教育出版社

图书在版编目（CIP）数据

好妈妈说给青春期女儿的悄悄话 / 静涛著. -- 哈尔滨：黑龙江教育出版社, 2017.7
（读美文库）
ISBN 978-7-5316-9538-7

Ⅰ. ①好… Ⅱ. ①静… Ⅲ. ①女性－青春期－健康教育 Ⅳ. ①G479

中国版本图书馆CIP数据核字（2017）第199198号

好妈妈说给青春期女儿的悄悄话

Haomama Shuogei Qingchunqi Nüer De Qiaoqiaohua

静　涛　著

责任编辑　高　璐
装帧设计　MM末末美书
责任校对　杨　彬
出版发行　黑龙江教育出版社
（哈尔滨市南岗区花园街158号）
印　　刷　保定市西城胶印有限公司
开　　本　880毫米×1230毫米　1/32
印　　张　7
字　　数　140千
版　　次　2018年1月第1版
印　　次　2018年1月第1次印刷

书　　号　ISBN 978-7-5316-9538-7　　定　　价　26.80元

黑龙江教育出版社网址：www.hljep.com.cn
如需订购图书，请与我社发行中心联系。联系电话：0451-82533097　82534665
如有印装质量问题，影响阅读，请与我公司联系调换。联系电话：010-64926437
如发现盗版图书，请向我社举报。举报电话：0451-82533087

写在前面的话

很多女孩在步入青春期后，都会遇到不少的烦恼：比如说，她们开始发现自己在发育的过程中出现了异样，在成长的过程中出现了不能自制的叛逆，在处理问题的过程中感到左右为难，等等。但是当她们面对这些问题时，是否愿意及时地和家长进行沟通呢？我们在教育女孩的时候，又是否能够面面俱到地提醒她一切呢？

在现实生活中，很多家长并不能很好地处理好女孩在成长中遇到的烦恼。甚至有的家长会因为女孩的突然疏离而警惕，对女孩的管教比以往更加严格，这样的做法很容易让女孩感到反感，因而阻断了沟通，最终给女孩的成长带来障碍。

面对女孩在这一时期的变化，作为家长，我们一定想为自己的孩子寻求最好的解决方法，陪伴孩子一同走过这一特殊的时刻。正因为如此，我们编写了这本《好妈妈说给青春期女儿的悄悄话》，相信可以带给您和孩子一些好的启迪。

在阅读的过程中，您会发现本书具有如下特点：

首先，这本书是专门针对青春期女孩成长的教育指导书籍，涉及了青春期女孩在生理变化、心理秘密、学习能力、礼仪形象、安全教育、情商品质等各个方面可能遇到的状况，帮助青春期女孩在成长的关键时期正确地看待自己，解答成长疑惑，明确成长目标，打开成长格局，可以说是一部青春期女孩的必读书。

其次，全书以一个个生活中的实际场景展开，就像是一个女孩的成长记录，所涉及的情景贴近女孩生活，实用性极强。可以让孩子在轻松的阅读中开启心智，明白很多道理。

再次，本书中的很多章节是专门为帮助女孩“成功升级”而设置的，告诉女孩如何才是最美丽的，告诉女孩怎样做才是最优雅的，告诉女孩怎样面对生活才是正确的。阅读本书之后，相信您的孩子定会有一个更加开阔的视野，向着更加幸福的人生走去。

可以这样说，《好妈妈说给青春期女儿的悄悄话》是一份送给所有处于青春期女孩以及她们父母的特殊“礼物”。当女孩拿到这本书的时候，一定会为妈妈对她的关心而感激，也一定会因为阅读本书而受益无穷。

目录

Chapter1

女儿，你正在成长为花季少女

——说给青春发育期的你

胸部胀痛、发痒是怎么回事？脸上怎么一下子冒出这么多小痘痘？身体为什么开始出现小毛毛？下边流血了怎么办……

女儿，别担心，别害怕，更不要羞怯，这些都是女人身体发育过程中的正常现象，每个女人青春期都会出现这些现象。你要为自己感到欣喜，因为你再也不是娇滴滴的小女孩，你正在成为青春期花季少女。

胸部胀痛发痒，别担心

小丽平时在家里，每当遇到困难都会向爸爸妈妈说，但是这几天她感觉有些不舒服，不敢告诉爸爸，也不敢告诉妈妈，只能自己忍着。

到底是怎么回事呢？原来，小丽的胸部最近总有一种轻微的胀痛感，这是之前从来没来没有过的，别提她心里多难受了。

在私下里，小丽把心里话对她的好朋友媛媛说了，缘缘说她也有同样的症状。媛媛对小丽说："这是正常的现象，女孩乳房发育的时候都会感到胸部有胀痛，而且有的还会有'痒痒'的感觉。"媛媛说话的口气特别肯定，小丽大吃一惊。心里很奇怪，她是从哪里听到的这些呢？

听媛媛这样一说，小丽心里释然了许多，也放下心来。晚上，小丽又感觉到胸部有点微微的胀痛，不禁用手按了下去。奇怪，她摸到了一个硬硬的块状的东西，而且碰到了之后感到很痛。这个硬硬的包块究竟是什么呢？她很想问问妈妈。不知不觉，小丽进入了梦乡。可是第二天，她又苦恼起来。原来，小丽发现乳房的大小不一样。

晚上，小丽拉住妈妈，小声说："妈妈，有件事情，我想跟您说。"

妈妈慈爱地坐了下来："好啊，说吧。"

“妈妈，我的胸部总是无缘无故地胀痛、发痒，而且里面还有硬硬的小块块。今天我洗澡的时候，看见胸部……两边……不一样大。”小丽终于鼓起勇气说了出来。

遇到问题一定要找妈妈，如果万一耽误了我的矫正时间那就坏事了，小丽心里是这样想的。没想到，妈妈却很不以为然，轻描淡写地说了一句：“哦，没事，以后它自己就好了。回来我帮你去选件合适的内衣吧。”

呃……原来不是什么大事啊！小丽想，难道自己是虚惊一场？

【妈妈给女儿的悄悄话】

很多女孩进入了青春期之后开始乳房发育，在乳房发育的过程中会出现一些轻微的胀胀的疼痛或是痒痒的感觉，感觉很像是伤口结疤或愈合时的那种又痛又痒的感觉。不要怕，这是乳房生长过程中的正常现象，过一段时间就会好的。

不过，在这段时期要注意对乳房的保护。无论是在体育课上，还是到任何公共场所中，比如乘公交、去商场等，要小心不要让别人或坚硬的东西碰撞到乳房；在读书、写字的时候，身体要与桌子保持合适的距离，不要把前胸紧贴桌沿，以免挤压到乳房；当感觉乳房又疼又痒的时候，千万不要用手去捏或者去抓痒，防止伤害到乳房。

至于乳房里硬硬的包块，它有自己的学名，叫作“乳核”。一般来讲，女孩乳房的发育，是一个时间比较长的过程。一般说来，在9-10岁左右，乳头开始长大，并且出现“乳蕾”，乳头周围的色素开始沉着，乳晕向周围扩大。女孩在这时一般不会感觉到有明显的疼痛，所以也不太会注意到乳房正在发育。

到了11岁左右的时候，乳腺就开始发育了，这时的女孩才会逐渐感觉到胸部的变化：乳头周围颜色较深的彩晕部分开始隆起，觉得胀胀的，痒痒的。同时在这一时期形成乳核——就是你摸到的那个硬硬的小包块。

不过不要紧，随着乳房的进一步发育，乳核会慢慢消失的。

当你看到自己的乳房渐渐隆起成为半球形，明显高出胸部且富有弹性的时候，那说明你的乳房已经发育成熟了。

乖女儿，不要担心，青春期发育时期的少女两侧乳房大小不同并不是病。随着少女身体的发育成熟，两侧的乳房会逐渐趋向对称的。

一个少女，她两侧的乳房发育是有先后顺序的，至于哪个先发育、哪个后发育，则是由两侧乳房对体内雌激素、孕激素的敏感性不同所引起的。敏感性较强一侧的乳房会先发育，而敏感性较差一侧的乳房要后发育。这种暂时性的乳房大小不一样的现象很正常，等到青春期过了，乳房发育成熟，就会慢慢长成差不多大小了。所以，你不必为此而担忧，只要戴上合适的内衣加以保护就好了。

即便是发育成熟的乳房，两边也不是没有差异的。每个人的乳房看上去虽然大体一致，但还是存在一些细微的差异，左右有些不对称。其实，人身体的很多器官都是这样，表面上是左右两侧对应的，但实际上并不是完全的对称。

如果发育成熟之后的乳房呈现出很明显的差别，有碍美观的话，你可以通过加强乳房较小一侧的胸肌锻炼来矫正，或者进行手术矫正。

你到了穿文胸的年龄

一天妈妈下班回家后，直接走到果果的屋里。

“果果，这是妈妈买给你的。”妈妈笑盈盈地对果果说。只见妈妈从书包里掏出来一个袋子，里面是白色的胸罩。

“呃……”果果显得有点不好意思了。

妈妈说：“女孩在胸部发育到一定程度，就应该开始穿文胸了。否则的话胸部就有可能下垂，影响美观。”

于是，在妈妈的指导下，果果开始学习如何穿戴文胸，还真是有点麻烦呢。首先，要用手将松散的胸部收到胸罩罩杯中，然后再将内衣最突起的地方与乳头重合，使整个乳房被覆盖，最后再把被扣扣上，把肩带调整到松紧适当。

果果穿好衣服走到镜子前照了一下，觉得自己漂亮了很多，不像从前那样的邋遢了。

穿上文胸，虽然好看，但是不舒服，感觉有点透不过气来。妈妈说，这是刚开始不太适应的缘故。

果果心想：我长大了。

好朋友小婷看到果果穿上了文胸，对她说：“果果，你现在变得有型多了。”

果果望着小婷，似乎明白了她的心意，对她说：“其实，你也可以穿啊。”

“你陪我去内衣店，我也想去买。”小婷把心里话掏了出来。

“好。”果果答应了。

于是，二人来到了内衣店，不禁眼花缭乱，不知道买哪一款文胸好。这时，导购小姐走了过来，问道：“请问你们需要什么款式的内衣？”

小婷自己也不知道她需要什么样的内衣，因为她之前也没有穿过。于是问果果：“果果，你穿的是哪一种啊？”

这个问题真把果果难住了，妈妈买回来给她的时候也没有告诉她。于是果果就指着小婷，对导购的小姐姐说：“您看她能穿什么样的？”

导购小姐打量一下小婷，娴熟地为她推荐了几款文胸。小婷挑了一个自己喜欢的款式买了下来，然后，她们高高兴兴地回家了。

在回家的路上，果果心里一直在想：“妈妈帮我选的文胸到底是哪一种呢？”

【妈妈给女儿的悄悄话】

丰满的乳房能够衬托出女性特有的曲线美，而佩戴文胸是保护乳房最便捷的方法。

乳房发育的初期，是不需要佩戴文胸的。一般说来，当女孩子的乳房发育到乳头变得明显，跑动时会感到乳房摇动的时候，就说明她应该佩戴文胸，保护逐渐发育的乳房。

可能在最开始，你对于佩戴文胸感到很不习惯，觉得穿戴起来太费事，而且穿上之后又不舒服。不过，妈妈还是希望你能够坚持佩戴，因为佩戴文胸有很多的好处：

1. 佩戴文胸能够有利于乳房保持清洁。

2. 佩戴文胸可以起到支持和衬托乳房的作用，使其血液循环畅通，有助于乳房的发育。

3. 能够避免行走、运动或劳动时乳房的过度摆动，防止乳房松弛甚至下垂。

4. 可以促进乳房内的脂肪集聚，使乳房更丰满，还可以弥补乳房过小等生理缺陷。

此外，妈妈想对你说的是“运动型文胸”很适合你。如今市场上有各种不同材料的文胸可以选择，青春期时候的女孩子比较好动，而且新陈代谢旺盛，建议你们最好选择纯棉质地、透气性好、吸汗的文胸，这样不仅穿着起来很舒服，还可以防止汗液聚集。

要提醒你们注意的是，不要选择带有厚海绵垫和钢圈的文胸，因为这种文胸适合我们大人，并不适合你们。青春期少女的乳房还在发育中，需要给它留出足够的发育空间才行。如果佩戴那种带钢圈的文胸很有可能会压迫到胸部的血管，影响正常的血液循环。

至于文胸的尺寸，可以在购买的时候请售货员阿姨帮助量一量，这样就可以选择合适的尺码。由于你们这个时候的乳房还在发育，所以肩带的宽度不要窄于2厘米。

对了，有一个事情妈妈忘了提醒你，穿上文胸之后，每天晚上睡觉之前要记得把它摘下来，并做几次深呼吸和伸展运动，让胸部彻底放松。这样，才能很好地保护自己的乳房哦。

下边流血，你该怎么办

今天，娜娜经历了一件重大事故：早上起床的时候她发现内裤上面沾满了血！这到底是怎么回事？娜娜吓得差点哭出来，可是又不敢对人讲。

过了大约半个小时，娜娜隐约感觉到又在流血，就赶快跑到卫生间里“观察”：流血没有结束，还在继续。

娜娜忍不住惊慌害怕起来：这别再是什么不治之症的前兆吧？如果我死了怎么办？

娜娜哭着去找妈妈：“呜呜，我下面流了好多血。”

妈妈看到娜娜这副样子，不但没有着急，反而笑着说：“娜娜，不要怕，没事的。”

妈妈这一句话让娜娜感到很诧异，娜娜好奇地望着妈妈。

“娜娜，这是正常的生理现象，每个女孩都会有。它的学名叫‘月经’，每个月都会有一次出血。”

“那流的是血啊！”娜娜还是有点难过，“如果血流没了怎么办？”

“不是，流出来的是废的血，对你的身体有好处。”妈妈耐心地为娜娜解释。

听妈妈这样一说，娜娜平静下来点了。

“娜娜，妈妈帮你把卫生巾垫上吧。”

“好。”

这次“出血事件”险些把娜娜吓得半死，后来听妈妈一说她才明白，原来每个女孩都会遇到这个“小麻烦”。

虽然“月经”有点麻烦，但毕竟是成人的自然现象，再说以后它每个月都要和我们会面，所以，我们也只好接受这个“伙伴”呀。

“上次妈妈跟我说月经的周期是差不多每隔一个月左右就会来

一次，距离上次的月经，都过了一个多月了，怎么还没有来呢？难道是我的月经不正常？”娜娜想，“不行，我要问问妈妈，她一定会知道的。”

【妈妈给女儿的悄悄话】

娜娜，估计你到现在也没有想明白为什么要有“月经”这种东西吧，让妈妈来告诉你。

女孩的身体中有一个器官叫作“子宫”，就好比一个装东西的空房间。将来当你有一天怀孕生小孩的时候，子宫就是装未出世的婴儿的地方。但是现在，这个子宫一直都处于空闲的状态。我们平时在生活中都有这样的常识，当房间很久不住人的时候，就需要打扫，否则就会很脏。子宫也就好比是这个房间，隔一段时间就需要打扫一下。所以，子宫内膜的保护层在每隔28天的时候会自动脱落排出，于是就造成了月经。对于“月经”的到访，你应该感到欣喜和高兴才对，根本用不着担心害怕。

大部分的女孩在11-15岁这段时期经历第一次月经，以后就会逐渐规律，每隔一个月左右就来一次。每个女孩的“月经周期”都不尽相同。

在一般情况下，月经周期是从一次月经开始的日子，到下一次月经开始的那一天为一个周期，一般在22-32天，多数人约为28天。在月经期间，出血时间一般是3-7天，多数人是4-5天，其中第二天、第三天的出血量会比较多一些。

接受这个“新朋友”吧，以后每隔一个月左右，它便如约而至，和你相会。但是，最初的时候，月经期是经常不规律的，你不要因为“好朋友”没有准时到访而焦虑。

因为，月经因人而异，有的人隔一两个月来，也有的人过了半年还不来，还有的人一个月会经历两次。尤其是女孩在初潮之后的月经都是不太准确的，所以你不要过于担心。

在月经初潮时，由于卵巢的功能和调节机制都不稳定，初潮后，有的隔几个月、半年甚至是一年才会有第二次来潮。而且每次月经的时候经血量的多少也不一样。这些都算是正常现象，并非病理现象，因为身体的发育受很多因素的综合影响，而且月经对于女孩来说也是一个大的转折，需要一段时间来发展完善。一般来讲，从不规律的月经逐渐到规律、正常的月经，这个过程所需要的时间，最多不会超过2年，以后你就会逐渐按月规律地来潮。

月经的早来与晚来，也有很多其他因素。比如，如果近段时间你的心情太过于紧张，月经往往就会跳过不来了，还有就是如果你现在正在进行“魔鬼减肥计划”或者是“野外大探险”之类的活动，身体忙于适应这种新的生活环境的时候，月经也会不来。再有一点，怀孕的时候也不会来月经。

此外，经期也会有轻微腹痛现象发生，这是正常现象。如果腹痛非常严重，影响到学习和生活，就应该及时就医。

关于月经期的重要事项

学校组织大家这个周末去郊区的自然保护区旅游，听说晚上还有篝火晚会，芳芳真盼望这一天能快点到来。

可是，一算时间芳芳发现，那天正好赶上她特殊的“日子”，这让芳芳很沮丧。

有没有一种方法可以把这几天提前或者错后？ 芳芳听同学嫒嫒说：“有一个偏方，喝一瓶醋，越酸越好……建议喝山西老陈醋。”

“真的管用吗？”听了嫒嫒的话，芳芳有点半信半疑。

“这我也说不好了，我又没喝过，你试试呗。”

那还是算了，我可不想试试！喝一肚子醋，比痛经还难受呢！

花花说：“咳！我想到了一个好方法，可以到药房去买点避孕药，就可以推迟经期。”

我可以买避孕药吃吗？这件事情，还是回家问问妈妈吧。芳芳心想。

还有一件事困扰芳芳。哪件事呢？这要从头说起。芳芳最喜欢的食物莫过于冰镇的饮料和可口的冰糕。尤其是夏天，大家都是喜爱冷食的。但是，让芳芳心痛的是，妈妈竟然阻止她吃冷食，理由就是芳芳来了“大姨妈”。

一天中午，趁妈妈还在睡觉，芳芳蹑手蹑脚地走进了厨房，打开冰箱门。哈！这么多的雪糕，她的口水都要流出来了。吃哪一个好呢？芳芳左挑挑右拣拣，都挺想吃的。干脆先拿一个，吃完之后可以过来再拿。

芳芳抱起一个小号桶装的冰淇淋溜进了屋独自美美地享用一番，还好妈妈没有醒。

对于冰淇淋，芳芳有超强的战斗力，那一桶冰淇淋被芳芳很快就消灭掉了，同时也勾起了她肚子里的馋虫——还想再去拿一个吃。

一不做二不休，芳芳又来到冰箱前，打开冰箱门，刚要拿起一只雪糕，被妈妈抓住了。

“芳芳，妈妈告诉过你不可以吃冷的东西，你太不听话了。”妈妈很生气的样子，而且更不幸的是她发现了芳芳嘴边周围的奶油，“啊！你已经吃了一个啦，嘴巴都没有擦干净。”

“不好！”芳芳马上舔舔嘴，可惜晚了。

【妈妈给女儿的悄悄话】

妈妈想告诉你的是，你没有必要因为这样的小事就想到要推迟月经周期，月经是自然的生理现象，凡是顺其自然的规律才是最科学的，人为的改变并不一定就是最好的。

有些女孩子，她们因为经期赶上了大考或是有其他特殊的原因，怕经期的生理反应影响成绩，希望通过服避孕药来改变周期，使之错过考试。其实在一般的情况下，经期的生理反应不会对学习生活造成太大的影响，只要自己注意调节心情、注意休息就可以了。

如果使用药物不当或者使用的次数过于频繁，就会影响生理上调节功能的正常运转，引起月经失调，反而会对身体造成不利的影响。至于你的好朋友媛媛说喝醋可以改变月经周期，更是没有任何科学道理的说法。

通过擅自服用避孕药等方法人为地将原本正常的月经进行调整，这样的做法是不可取的。如果你真的有比较严重的痛经问题，可以告诉妈妈，妈妈会带你到医院去就诊，请医生给予帮助。

此外，还有一件事需要特别注意，就是在特殊时期不可以吃冷的食物，否则后果会很严重。

女孩子在月经期间，如果为了贪口腹之欲而对自己的饮食不加节制，会对身体有很大的危害。冷饮和生冷的食物，它们温度过低会使女孩的血管收缩、血液凝滞，从而引起经血淤滞、排泄不畅，很可能会导致痛经或者以后的月经不调等情况，所以，经期应该忌食。这看似简单的道理，其实是一个相当重要的医学常识啊。

除此之外，女孩子在月经期间还有哪些饮食的讲究呢？妈妈帮助你做了一个比较完整的总结：

1. 禁食辛辣生冷食品。这些食物有比较强的刺激性，容易使盆腔血管收缩而引起经血量过少或是突然停止，甚至还会出现痛经的状况。所以即便是在酷暑炎热的夏天，经期也不可以吃冷食。月经期间的饮食以温热为主，这个时候适宜吃一些温补类的食物，比如桂圆、红枣等。

2. 在月经期间不要喝浓茶和咖啡。咖啡和浓茶中含有咖啡因，这种物质可以刺激神经和心血管，使人兴奋，基础代谢加快，容易产生痛经。所以在月经期间对这些饮品应该加以回避。

在月经期间，适宜吃含蛋白质较多的食物，妈妈建议你多吃豆类及豆制品，这样可以补充一些因流血所损失的营养素、矿物质。

白带里为啥会出现血丝

晚上洗澡的时候，小敏很意外地发现内裤上的白带里带有血丝，马上害怕担心起来。小敏最忌讳看到血或者出血了，她心想，这一定不是什么好现象。而且妈妈以前告诉过我，正常的白带颜色是呈白色稀糊状的，看来，我是有点不正常了，不行，我要赶快问问妈妈。

小敏边寻思着，边从浴室走出来。她慌忙走过去找妈妈：“您以前跟我说的那个白带……好像有点问题，里面怎么有血啊。”

妈妈听小敏这么一说，很关切地问道：“是经常有血，还是偶尔有血？是血块还是血丝？”

“我刚看见的，是血丝，不多，所以我才问您啊。”

“哦，那就没事。”妈妈不紧不慢地说，“你不用担心，青春期女孩的白带里有少许血丝也是正常现象。”

“为什么会有血丝呢？” 小敏百思不得其解。

“呵呵，是这样，”妈妈认认真真地讲给小敏听，“在月经来潮时，我们女性会出现排卵期，而此后，我们体内的雌激素水平下降，这一变化会使子宫内膜有小片剥离，并引起出血。因此，会在白带中出现少量的血丝。这种情况是青春期女孩发育的正常现象。现在明白了吗？”

“哦，原来是这样啊，您这样说我就放心了。”小敏听妈妈这么一说，就不再担心了。

【妈妈给女儿的悄悄话】

小敏时刻关注自己身体的变化是对的。你做得非常好。但是一些关于女性白带的问题，妈妈还想和你仔细地说一说。

每一个少女在经历了青春期之后，随着卵巢功能的完善，阴道内都会有一种乳白色或是透明状的液体流出来，量有时会比较多，有时会比较少，这种黏稠的液体就是白带。你可别忽视了这种液体，它的作用可大呢。白带的作用主要是保护阴道黏膜，保持阴道湿润。

白带和月经一样，都是每一个女孩子都会有的一种正常的生理表现。所以，平时一定要留心观察自己的白带状况，以此可以大体判断出身体的健康状态。

一般来讲，我们用眼睛观察白带是否正常，需要从量、色、质地、气味几个方面来观察。一旦某一方面出现异常就应该及时去医院找妇科医生诊治了。医院有先进的仪器，会测出白带内的细菌含量，以及是否发生病症。

正常的白带，颜色应该是乳白色或是无色透明，因人而异，有的女人的白带略带腥味，有的女人的白带无任何气味。白带的分泌量、质地也受到体内雌激素、孕激素水平高低的影响，排除的量随月经周期而时大时小，具有周期性的变化。

而白带中的血丝，分为生理性和病理性两种，绝大多数青春期女孩的白带里有少量血丝，都是正常现象。你的情况也属于“生理性”的，所以不用担心和紧张。但是，如果你的白带很长时间持续出现异常，比如有异味、含血量变多等情况，那你要立刻告诉妈妈，以便及早就医。

长“小绒毛”是咋回事

一次，甜甜在学校与同学葱头一起吃饭，葱头一边吃饭一边在赞美甜甜：“甜甜，你的脸很白，也很细腻。”她很认真地对甜甜说。

听到有人这样夸奖自己，甜甜高兴地笑了笑。

“还有，你的牙齿很白，而且长得很齐。”葱头观察了一下，再次发言。

这下，甜甜哈哈大笑起来：“我还有些什么优点，你一气都说了吧。”

“嗯，是这样，你的整张脸看上去都非常和谐。”葱头推了一下眼镜，很肯定地对甜甜说。

“哈！亲爱的葱头，以后你就是我的知己。”甜甜开心地说。

不过最近，甜甜发现自己洁白细腻和谐的脸上出现一些不好的动静——在鼻子下面，也就是嘴的上面，长出了很多细细的毛毛。这不禁让她联想起来了爸爸脸上的胡子。

“哇！长胡子了！妈妈，快来救我，我长胡子了，怎么办？”甜甜嚷道。

直到她看了《十万个为什么》才知道人类的进化需要漫长的时间，我们的祖先，和类人猿长得很像呢。其实，甜甜的身体也长很多的毛毛，除了“小胡子”之外，身上都长有汗毛，而腋下和隐私部位长的毛则是又黑又长。

人类还是没有进化好吗？可能百万年之后的人就不会长毛了吧。甜甜心想。

甜甜最羡慕的是花花，她就没有这么多的毛毛，她还得意地抬起胳膊向大家炫耀：“你们看，我从来都不会长那些黑乎乎的毛，多难看啊。”

花花可能就是从猿人进化的比较彻底的那一类吧，甜甜心想。

“我不认同。”媛媛否定甜甜的想法，“花花一点都不聪明，学习成绩也不好，怎么可以说是进化得彻底呢？葱头还差不多，她脑袋可灵活。”

看来，衡量进化是否彻底的标准是有分歧的：是以长毛的多少来衡量，还是以智商为衡量的标准？

回到家，甜甜把白天讨论的问题跟妈妈讲了讲，妈妈听了之后笑得前仰后合：“我的孩子啊，你们怎么会想出这样的问题啊？”

“人家不懂啊。”甜甜撅着嘴，对妈妈的反应表示抗议。

妈妈接下来耐心地讲道：“女孩在进入青春期之后就开始长体毛，首先在外阴处长出‘阴毛’，这是女孩们进入青春期之后最先注意到的变化。所以，这是每个女生都会有的正常现象。”

“嗯，原来是这个样子啊。”甜甜继续问妈妈，“不过这些毛毛有点……不雅观啊。”

妈妈温和地摸摸甜甜的头，说：“当女孩的生殖器官逐渐发育成熟时，外生殖器附近开始长出阴毛。有的少女会和你现在的反应一样，对阴毛产生厌恶的心理。其实，每一个人都会有，又有什么可感到害羞的呢？在欧洲，有人称阴毛这个部位叫‘维纳斯丘’，听起来还很美妙呢。”

听罢妈妈的讲述，甜甜豁然开朗起来。原来，身上长的毛和进化没什么关系啊！

【妈妈给女儿的悄悄话】

你脸上长出来的绒毛，不能叫作胡子，只是体毛比较重而已，这也是青春期发育的正常现象。

你之所以会长出所谓的“胡子”，那是你身体内雄性激素起的作用。正常的女性，不只是分泌雌激素，也会分泌少量的雄激素促进女性特征的发育。在这些雄性激素的作用下，女性的面部就会长出毛毛。曾经有过数据统计显示：在15–44岁的正常女性中，有30%的人有“小胡子”，9%的人面颊部分汗毛明显，6%的人面部两侧的毛发较重。

所以，这些都是正常现象，你不要担心，这些变化不会影响到你的容貌。如果你不相信的话，可以去看看你的同学，她们肯定也有“小胡子”呢。

当然，这种“小胡子”的变粗也有可能是病理性表现，但是极为少见，而且会有其他的现象伴生：身体其他部位的体毛不断增加，额角的发髻后缩、喉结突出、声音粗闷、阴蒂肥大、月经不调，这就很可能是卵巢功能异常，应该及时到医院检查。

此外，隐私部位也会长出小阴毛，它是为了保护我们的身体而长出来的，能够吸收这些部位分泌出来的汗和黏液，有利于身体的健康。

人类的种族、气候、地域、性别、营养以及情绪等，都可以影响毛发的生长。即使是同一个种族的人，毛发的生长也有早晚、快慢、多少、出息、长短以及颜色深浅的区别，这些都属于正常的现象。

处于青春期发育阶段的女孩，由于体内激素的分泌不平衡，雄激素水平较高，刺激了毛囊，会使胳膊和腿上的汗毛很重，包括“小胡子”也会变得更重。注意不要刮汗毛，因为汗毛会越刮越粗，越刮越重。

处女膜到底有多神秘

“多多，你有没有发现，电视里也有些情节我们看不懂？”花花神秘地问多多。

“啊？”多多觉得花花这话问得有点二乎，“花花，难道你看电视都看不懂吗？这智商……”

“不是，我讲给你听。那个故事的情节是这样的，就是说一个女的和一个男的，他们结婚之后的第二天早晨，床单上什么痕迹都没有，然后那个男的就怒了，把那个女的大骂了一顿，还说她不规矩、不守妇道之类的。你说，这是为什么呢？”花花把故事的来龙去脉原原本本地讲给多多听。

听了花花这么一说，多多也一头雾水：“花花，这个我也不知道。”

“啧——”花花冲多多扮了个鬼脸，“居然说我智商低，你也不知道吧。”

面对花花的得理不饶人，多多也只好沉默了。

不过，这个问题也勾起了多多的好奇，究竟是个什么道理呢？

【妈妈给女儿的悄悄话】

如果你想解开上面的疑团，只需要找到一把钥匙，而这把钥匙，就是女人特别珍惜、男人也极其看重的——女性的处女膜。

处女膜属于女性生殖器官的一部分，在胎儿3-4个月的时候就已经开始出现，并在以后的日子里逐渐发育。处女膜是女性位于阴道口与阴道前庭的分界处，环绕阴道口的一层薄膜状组织。处女膜中间通常会有一个小孔，当女孩子月经初潮到来以后，经血便是顺着这个小孔流出体外的。

这可不是一个简简单单的薄膜，它对女性的身体健康起着重要的保护作用。当女孩子在进入青春期之前，生殖器官发育并不完善，阴道的黏膜较薄弱、酸度也较低，这时候很多有害物质很容易侵入体内，而这时候的处女膜虽然还比较小，但是很厚，这就能有效地阻拦细菌的侵入，对女性生殖器起到很好的保护作用。当然，当女孩子进入青春期后，生殖器官逐渐发育完善，阴道已经具有抵抗细菌侵入的作用了，而这时候的处女膜也变得大而薄，保护作用也就不明显了。

回到最初我们的疑问，床单上的血是从哪里来的呢？绝大多情况下，这是女性在第一次性行为之后处女膜破裂所导致的。长期以来，女性处女膜的完整性通常被认为是女性婚前贞节的证明，如果新婚后的床单上有血渍，则说明女性在新婚前依然是处女。因为处女膜破裂时会有血渍流出。那么，仅仅用这床单上是否有血来验证女性是否为处女是否科学呢？这对女性是否公平呢？

其实，这种验证方法是不科学的。因为每个人的处女膜都是不相同的，有些人的处女膜较厚且弹性很好，在第一次进行性行为时处女膜可能不会破。也有的人很特殊，根本没有形成处女膜，这一类人也被称为“石女”，当然，这样的人比较少见。所以，将新婚之夜床单上是否见血作为判断女性是否为处女是不科学的。

平时大家也要格外注意，生活中存在很多因素可能导致女性处女膜的破裂。很多人都知道的是女性在第一次性行为的时候通常会使处女膜破裂而出血，但是在很多意外情况下，处女膜都有可能会破裂。例如，女性在参加很多剧烈的体育运动——跳高、骑马、武术等时可能会导致处女膜破裂，或是当女性在清洗外阴部使用内置式棉条不当，或是手淫，或是从事繁重的体力劳动等都有可能导致处女膜的意外破裂。

中国传统文化熏陶下成长起来的男性总是希望自己的妻子是处女，在自己之前从没与别的男子发生过性行为；而他们也大多从处女膜是否破裂来判断身边的她是否还是处女，这也就是所谓的“处女膜情结”。当然，男性的“处女膜情结”对女性来讲不一定公平，但是对于女孩子来说，生活中还是应该自珍自爱，不要轻易与男性发生性关系，同时也要在日常生活中注意保护自己，防止非正常情况下处女膜的破裂。因为处女膜对女性生殖器的保护是有很重要的作用的。

对于刚刚步入青春期，对爱情、对性尚且朦胧的少女们一定要细心守护自己的处女膜，用自尊自爱守护自己的这一块纯洁地带，然后等待属于自己的爱情季节。

为什么会有“性幻想”

一天晚上媛媛身体不舒服，豆豆一个人去上晚自习。平时习惯了有人陪伴，突然没有人陪了，豆豆觉得有点不习惯。

不过很巧啊，班上的男生S君恰巧也去上自习，正好可以一路同行。

S君是班上一个颇有争议的人物，大家都早有耳闻他的传奇故事，比如他每天早上6点钟起床，来到学校偏僻的小树林里面练习剑法，既可强身又可防贼。同学们也曾多次相约将来有机会一定秘密跟踪他，领受“大侠”的剑法。

不过，和S君交谈几句，豆豆发现他并非八卦人物。他侃侃而谈又很幽默风趣，那个晚上，豆豆过得很愉快。

直到睡觉之前，豆豆还会想起S君说的笑话，很愉快地入睡了。

早上醒来之后，豆豆朦朦胧胧中好像觉得S君就在自己的身旁……

天啊！我都在想些什么！豆豆马上坐了起来，深呼吸一口气。气定神闲，准备上课去。

【妈妈给女儿的悄悄话】

处于青春期的女孩，常会想入非非，把曾在电影、电视、书刊杂志等社会传播媒介中看到过的性爱镜头或故事，通过大脑的重新剪辑移植到自己身上，或者用丰富的想象，虚构遇见自己爱慕的异性交往的种种情景，从而满足自己的性欲望。这种带有性爱色彩的梦幻心理就称为性幻想。性幻想是性生理发育的产物，它是在人的清醒状态下，虚构出带有一系列性爱情节的心理活动。

青春期是人一生中生长发育最旺盛的时期，随着性生理的成熟，产生了性欲望和性冲动。但是在现实生活中，青少年不能以合乎道德、法律的途径来满足对性的欲望和需求。一般来讲，从性成熟到以婚姻形式开始正常的性生活有8-10年的过渡时期。在这期间，有性爱的主观愿望，而无性爱的客观可能，就容易导致青少年展开丰富的想象，以梦幻取代现实。

性幻想在处于青春期的中学生中普遍存在，只是有的想得多一些，时间长一些，有的想得少一些，时间短一些。一般女孩比男孩要多，尤其是思想活跃、感情丰富又闲暇舒适的女孩发生的几率会更加频繁。性心理学家蔼里斯曾指出，对于先天遗传有艺术家倾向的人，性爱的白日梦所消耗的精神和时间比较多些，而艺术家中尤以小说家为甚。

性幻想在人入睡之前及睡醒之后卧床的时间里，或在闲暇时较多出现。有人把性幻想称作“白日梦”，就是即便是在白天的时候，有时是在上课、走路、甚至在听别人说话的时候，脑海里会浮现出与眼前的实际情况毫无关系的图像和情节，如同在过电影。性幻想在入神的时候，有些人可能出现性兴奋。

其实，就性幻想的本质而言，它是青春期男女以至未婚成年人的一种自慰行为，是在没有异性参与的情况下进行自我满足性欲的活动。性幻想的过程中反映了幻想者强烈想实现又不能得以实现的愿望，这种幻想起到了一种补偿作用，以达到宣泄内心的压抑，满足心灵的渴求，对心理冲突起平息和抚慰的作用，可以说是性幻想的积极作用。

所以，果果，对性幻想，你要有一个正确的认识，消除不必要的焦虑。性幻想在人类性心理中占有重要的地位，它对人类性心理的发展也具有一定的积极意义。所以一个人具有一定的性幻想是正常的，也是必需的。

虽然说青年人的性幻想是一种正常现象，但还是给许多女孩带来烦恼和困惑。如果女孩过分沉溺在性幻想之中，以至于整天都是昏昏沉沉的，在自己的幻想中度过，有些可能会变成“单相思”，或“钟情妄想”，以致分不清幻想和现实，影响正常的工作、生活、学习和休息。所以年轻女孩应学会善于控制自己，以减少过多的性幻想。

要做到这些并不十分容易，不过妈妈这里有几条好建议，最关键的就是让自己的生活丰富起来，不会空虚无聊，思路才会逐渐清晰。

1.不要过分地沉迷于言情小说、淫秽物品和影视之中，而应多阅读一些内容深刻、健康的文艺作品。

2.多参加丰富多彩、有益于身心健康的活动，特别是户外的体育锻炼。

3.可以适量学习一些关于心理方面的知识，加强心理的自我调节，尽量避免把注意力集中在性问题上。

Chapter2

成长的烦恼，你的心事妈妈懂

——说给多愁善感的你

随着青春期的到来，每个女孩都会迎来新的人生转折。青春期会有许多惊喜，也会出现很多让人烦恼的事。这时的女孩心思变得敏感、细腻，时常多愁善感，心里似乎装着无数的小秘密。而此时女孩的人生观、世界观还未形成，遇到问题时又不知如何处理，便烦恼郁闷，时常莫名地紧张、焦虑和不安。

女儿，不要忧愁，不要烦恼，这是青春期的正常现象。当你感到烦闷焦虑时，不妨将心事说给妈妈听，让妈妈和你一起分忧解愁。

老师侵犯你隐私权怎么办

葱头平时喜欢上网，而且喜欢上论坛去灌水。一有时间她就会在论坛上面泡着。

一次偶然的机会，葱头在论坛上看到了一篇写关于古龙小说人物大串烧的帖子，那篇文章写得如此精彩，可以看得出作者对古龙的小说有着很精深的研究，巧的是，葱头也是个古龙小说迷，如果可以和这位朋友多多交流，那多有趣啊。葱头心想。

于是，葱头就在网上认识了这位朋友，而且他给葱头讲了很多关于古龙以及小说中的很多故事。

后来，这位朋友出国了，虽然他们也可以通过网络来联系，但是他说写信是个更好的方式，因为这样葱头可以得到一些外国的邮票。于是，葱头就把学校的通信地址留给了他。

那天下午课间，媛媛告诉葱头说："葱头，老师找你，快去办公室吧。"

葱头来到办公室，见老师手里拿着一封信，对她说："杨葱头，这是你的一封信。老师想提醒你，现在还在求学阶段，其他与学习不相关的事情最好不要去涉及。"

她定睛一看才发现，老师居然把她的信拆开了。怎么可以私自拆我的信件呢？葱头不禁火冒三丈，可是面对老师又觉得不好发作，于是只好对老师说："那是我认识的一个笔友，经常通信讨论古龙的小说。”

还好，似乎老师也没有抓到她什么小尾巴，而且她根本也没有做什么不好的事情。她只好说：“嗯，以后多注意专心学习，和学习无关的事情最好少做，现在本来功课就很紧张，你的成绩还有很大的提升空间。”

葱头没想到老师三言两语把自己私拆别人信件的行为掩饰过去了，简直岂有此理。

【妈妈给女儿的悄悄话】

妈妈想和你说的是，这件事确实不怨你，不过妈妈希望你也能和从前一样尊敬自己的老师，好吗？

作为一名老师，私自拆学生的信件，虽然是个别现象，但是确实存在，而且这种事情更容易发生在班主任或是政教老师的身上。应该说的是，这种行为是违法的、不道德的。但是究其原因，这样做大多是出于无奈，而无奈的后面也是对你的关心。因为青少年正处于与同学、同龄人之间发生横向联系的年龄，由纵向年龄到横向年龄的发展是人生中心理发展的正常阶段，也是人长大走向成熟所不可少的。

老师们也是由于了解到了这个特点，所以才会为你们而担心。由于像你们现在这个年龄的青少年思想活跃，很想独立处理一些问题，但又不免有天真幼稚的一面。横向交友是必要的，但有时把握不好分寸，会出现一些不正常的倾向，比如和社会上不三不四的人或外校不太好的学生建立联系，甚至形成团伙，或者是在校外交了异性朋友，经常有书信往来，耽误了学习等等。老师们不希望学生在交友方面出现偏差，影响品德和学习，这种关心和担心是十分必要的，也是老师对学生负责的表现。

一般同学的这种交往带有隐蔽性、封闭性。有的老师苦于不了解你的思想动向和交友目的，只能采取私自拆信的行为。私自拆信严格说来是一种违法行为，即便是家人之间可没有互相拆信的权力。老师私自拆学生信件的行为同样是错误的，但其出发点是好的，所以你对老师这样的行为还是要予以谅解。

你是个善解人意的孩子，相信你是可以理解老师的良苦用心的，希望你也能够对老师的良苦用心予以谅解。要想很完满地解决这个问题，可以有以下的几种方法：

第一，开门见山、直截了当地向老师提出意见，指出这种做法是违法行为，不希望老师这样做。但要注意的是，首先应说明理解老师的心情，理解老师只是采取的方法不好，在谅解的基础上善意地提出意见，我想老师是会接受的。

第二，你可以有意识地主动接近老师，常和老师交流自己的想法，使老师能了解你们的思想动向。

第三，从思想上、行动上严格要求自己，树立正确的交友观，如果是不三不四或者底细不清的人最好不联系，把主要的精力放在学习上，以行动让老师放心，这才是最根本的。

不管怎么说，老师私自拆学生的信是错误的，是侵权行为，是不容许的。但我们要从实际出发，具体问题具体分析，要在理解的基础上解决好这个问题。

不懂得拒绝别人怎么办

在很长的时间里，花花都有过这样的困扰：从来都不懂得如何拒绝。只要是别人向她提出要求，在她力所能及的范围之内，她都会毫不犹豫地应允。她总是不忍心说“不”。对此，花花的心中充满了矛盾。

花花曾经不止一次要下决心拒绝别人，可每次面对别人求助的目光，她又退缩了。

有的时候，花花会与妈妈倾诉她的痛苦，妈妈每次都会给她这样的回答：“乐于助人是很好的习惯，但是你也要有你自己的原则啊。有的时候，学会拒绝别人也是一种技巧。不应该答应别人的事，就要毫不犹豫地拒绝。不是说宽容就是无限制地迁就别人。”

于是，花花开始试图改变自己，按照妈妈的忠告来处理事情，可是成效往往不大。不过，终于有一天，花花做到了，她拒绝了一个无理的请求。虽然它暂时给她带来了烦恼，但她相信自己做对了。

“花花，快点把你的作业本给我，我看一道题目。”旁边的同学从花花的身边擦过，她还没有来得及反应，同学就把她的作业本牵走了。

花花不想把自己的作业借给别人抄：“咦，等等，我还有道题目没有写完。”用这种方法，花花委婉地把作业本要了过来。

花花似乎能够感觉到她的焦急和沮丧。花花对她说：“没关系，其实这些作业很好写，你等我的时间自己就做完了，不信你试试看。”

花花知道这只是暂时的，希望有一天，那位同学会明白她的善意。想到这里，花花心中的包袱终于卸了下来，这种无愧于心的感觉真好，一下就变得轻松了。

后来，再遇到别的同学提出什么不合理的要求，花花都可以婉言拒绝了。其实刚开始的那些阶段很难熬，因为拒绝在别人的眼中是无情的，有的朋友还曾经渐渐疏远过花花。但经过了这些，花花的决心也越来越坚定，她想：真正的朋友是不会因为她我合理的拒绝而疏远我的。

正像妈妈告诉她的那样："拒绝不是每个人都可以做得到的，因为委婉的拒绝也需要很大的勇气。拒绝有时不是冷漠，不是生硬，也不是不近人情，相反，它是一片善意，是智慧的体现。"

学会了拒绝，改变了自己的优柔寡断。生活仿佛变得有滋味了，花花对于自己也更加自信了。

【妈妈给女儿的悄悄话】

随着你逐渐地长大，人际交往也会越来越频繁，人与人之间也免不了互相照应，助人为乐当然是人的美德。但是，面对所有人的请求，难道你都要答应吗？如果有同学在考试的时候想让你帮助他作弊，你要答应吗？如果有同学想侥幸地不写作业，通过抄袭来蒙骗老师，你要答应吗？有的同学找你借钱去打游戏机，你要答应他吗？这些事情的背后都会关系到你是否助长了不正的风气，所以需要你的细心体会。

说真的，拒绝别人实在不是一件容易的事。可能在你想要拒绝对方的时候，会感到不好意思，所以不敢直白地拒绝，甚至使对方摸不清自己的意思，产生许多不必要的误会，同时也容易给自己心理造成压抑。

学会拒绝，是人际关系中的重要一环，我很高兴的是，你已经走出了学会拒绝的第一步。

还想提醒你的是，在帮助别人的前提下要考虑自己的能力是否能达到。

在现实生活中，尽管你的心肠很好，而当他人有求于你的时候，你也只能遵循量力而行的原则，不可以为了帮助他人而给自己找麻烦。如果这件事情你办不到，就要想办法拒绝。

当他人有求于你的时候，你必须要有自知之明，力所不能及的事情一定要果断、诚实地加以拒绝。这样不仅可以给自己减少麻烦，而且也是对他人负责，以便让对方另找途径解决。

当然，拒绝也要讲究艺术。人家满怀希望、带着自信而来，你却只给人家一个“不”字，岂不是给人家泼冷水？

妈妈认为，比较好的拒绝方法，还是以诚相告，把话说清楚了，让对方明白你对这件事情确实是无能为力。如果在你坦白了自己“无能为力”之后，能够给他推荐一两个可以帮助他的人，那就更好了。这样的拒绝，好在以诚相告，真实而不虚伪。

怎样克服你的自卑感

最近，丽丽的心情总是格外的郁闷，老是觉得自己比不过别人。套用刘邦的那句话，就是“夫论运筹帷幄之中，决胜于千里之外，吾不如子房。镇国家，抚百姓，给馈饷，不绝粮道，吾不如萧何。连百万之军，战必胜，攻必取，吾不如韩信。此三者，皆人杰也，吾能用之，此吾所以取天下也”。

不知当时刘邦怎么这样自信，如今这话从丽丽嘴里说出来的时候，只剩下悲伤的眼泪了。

是的，丽丽很自卑，心路历程很郁闷，总觉得自己一无所长。

回到家，丽丽居然莫名其妙地问妈妈：“妈妈，我是不是毛病特别多？”

“没有啊，很多叔叔阿姨都很喜欢丽丽。”妈妈很诧异地望着丽丽。

“嗯，那就好。”丽丽说。

【妈妈给女儿的悄悄话】

其实很多人有你的这种心理。有许多像你这样年纪的女孩性格孤僻、害怕与人交往，常常觉得自己是茫茫大海上的一叶孤舟，喜欢一个人顾影自怜，或是无病呻吟。他们不愿投入火热的生活，却又抱怨别人不理解自己，不接纳自己。这种封闭自己的自卑心理，后来就会衍生出一种与世隔绝、孤单寂寞的情绪体验，也会感到自己越来越孤独。孤独的人往往将自己封闭于一个自我的狭小范围内，独自在这块小小圈地里品尝寂寞，并且拒绝他人的善意介入。这样的人，到头来损失最多的还是他自己。

果果，妈妈不希望你变成这样的人，年轻人应该是朝气蓬勃，蒸蒸日上的。妈妈想用一个故事来启发你，想让你明白，自卑的人总是觉得一切对她而言都毫无意义，最终也不会创造出多彩的生活。

有位自卑的孤独者倚靠着一棵树晒太阳，他衣衫褴褛，神情萎靡，不时有气无力地打着哈欠。这时有一位智者由此经过，好奇地问道："年轻人，如此好的阳光，如此难得的季节，你不去做你该做的事，懒懒散散地晒太阳，岂不辜负了大好时光？"

"唉!"孤独者叹了一口气说，"在这个世界上，除了躯壳外，我一无所有。我又何必去费心费力地做什么事呢？我的躯壳，就是我做的所有事了。"

"你没有家？"

"没有。与其承担家庭的负累，不如干脆没有。"孤独者说。

"你没有你的所爱？"

"没有。与其爱过之后便是恨，不如干脆不去爱。"

"没有朋友？"

"没有。与其得到之后失去，不如干脆没有朋友。"

"你不想去赚钱？"

"不想。千金得来还复去，何必劳心费神动躯体？"

"噢!"智者若有所思，"看来我得赶快帮你找根绳子。"

"找绳子？干吗？"孤独者好奇地问。

"帮你自缢!"

"自缢？你叫我死？"孤独者惊诧了。

"对。人有生就有死，与其生了还会死去，不如干脆就不出生。你的存在，本身就是多余的，自缢而死，不是正合你的逻辑吗？"

孤独者无言以对。

“兰生幽谷，不为无人佩戴而不芬芳；月挂中天，不因暂满还缺而不自圆；桃李灼灼，不因秋节将至而不开花；江水奔腾，不以一去不返而拒东流。更何况是人呢？”智者说完，拂袖而去。

造成自卑的原因多而复杂，比如学习上的挫折，缺乏与异性的交往，失去父母的挚爱，周围没有朋友等。此外，自卑心理的产生也与性格有关。

至于如何克服自己的自卑心理，妈妈给你提出以下几个小建议：

1.用补偿心理超越自卑。

补偿心理是一种心理适应机制，从心理学的角度来分析，这种补偿其实就是一种“移位”，克服自己生理上的缺陷或者是心理上的自卑，把更多的精力用于发展自己其他方面的长处、优势，赶上或超越他人的一种心理适应机制。这种心理机制的作用，使自卑感反倒成为许多成功人士的动力，他们的自卑感越强，寻求补偿的愿望就越大，成就大业的本钱也就越多。

2.用乐观的态度来面对失败。

在自我补偿的过程中，还需要正确的面对失败。要知道，人生的道路上，一路顺风的人少，曲折坎坷的人多，成功是由无数次失败构成的，美国通用电器的创始人沃特曾经说：“通向成功的路，就是把你失败的次数增加一倍。”

面对挫折和失败，唯有乐观的心态，才是正确的选择。其一，做到坚忍不拔，不因挫折而放弃追求；其二，注意调整、降低原先脱离实际的目标，及时改变策略；其三，用“局部成功”来激励自己；其四，采用自我心理调适法，提高心理承受能力。

害怕一个人孤独怎么办

花花其实是个文静漂亮的小女生，平时看上去总是高高兴兴、快快乐乐的。可是有一天，在没有人招惹她的情况下，花花居然一个人偷偷地哭了起来。

“花花，你怎么了？”看到花花在哭，丽丽心里怪难受的。

“丽丽，有的时候，我在想，人活着为什么要有众多的烦恼？我的脑子里经常出现许多离奇的幻想，坐在窗台前，看到蓝天白云，思绪就会如同江水一样伸展到遥不可及的远方。有的时候我会幻想自己走在春光明媚的森林中，清澈的小溪从我的脚下欢快地流过。这时候我的白马王子走了过来，轻轻地拥着我飞过小溪，远方有 一匹骏马在等着我们……我只有在幻想的时候，才能看得到很多美好的事物，以至于对周围的人毫无反映。”

啊？花花的脑袋里想的都是什么啊！丽丽心想。

“花花，其实我也觉得你总是有一种忧郁气质。” 丽丽小心翼翼地对她说，生怕伤了她的脆弱心灵。

“是啊，我以前总是开朗活泼，现在却越来越怕见人了，一个人整天生活在自己的世界里，觉得在现实生活中的事情没有什么意义。我很想改掉这个爱幻想的毛病，可是怎么也摆脱不了。现在我更喜欢一个人独处，并且喜欢发呆，而且还觉得和任何人说话都有一种畏惧感。”

“丽丽，我最近都开始怀疑自己是否得了神经病，好像有点喜欢孤独又害怕孤独。我自己也不知道究竟是怎么回事。”

“是啊，花花，我真担心你得了什么心理疾病。”丽丽担忧地说。

【妈妈给女儿的悄悄话】

如果妈妈没有判断错的话，花花应该是有一些孤独心理在作祟。

处于青春期时期的女孩，一般很容易就会感到孤独，她们都有这样一种体验：觉得自己是大人了，于是总想在一夜之间成熟起来。父母的关系不再像过去那样暖融融地打动心扉，反而觉得唠叨刺耳；老师似乎也失去了往日的威信，就连平时最要好的同学，现在也不是那么亲密无间、无话不谈了，自己一肚子的心事，不知道该和谁诉说，难怪女孩们总是要感叹：“没有人理解我！我好孤独。”

这时候的女孩往往不知道自己想干什么、自己能干什么，自己是一个什么样的人。社会赋予的角色一下子增加了许多：不仅要做子女，还要当学生；在同学中，想成为被人接纳和喜爱的人；希望得到成年人的尊重和信任。可是她们又想表现得独立和成熟，一方面又不愿意敞开心扉，所以德国心理学家是蒲兰格说：“没有谁比青年人从他们孤独的小屋里，更加用憧憬的目光眺望窗外的世界了，没有谁比青年在深沉的寂寞中更加渴望接触和理解外部世界了。”这种孤独感正是青少年自我意识发展的一种表现。

青少年孤独心理的形成，虽然与个人性格的发展及生活经历有关，但是起更重要作用的是人际环境的制约作用。所以当一个女孩形成了孤独心理之后，最需要的是家长、老师、同学的共同协助。

果果，你作为花花的好朋友，更应该注意要想办法温暖她，让他感受到生活的快乐，对吗？

如果想克服孤独感，必须从以下几个方面入手来对治：

1.放开自我，真诚、坦率地把自己交给别人。要主动亲近别人，关心别人，因为交往是一个互动互助的过程，所以别人也会对你以诚相待。这样你就能扩大社交面，融洽人际关系，不再形单影只，孤独感自然就会消退了。

2.尽量缩小与同龄伙伴的距离。既不自傲清高，做脱离集体、高高在上的“超人”，也不自卑多虑，脱离同伴，做索然独居的“怪人”。从文化教养到兴趣爱好的各个方面，都应该与同代人互相沟通、互相学习。

3.培养广泛的兴趣、爱好。为自己安排好丰富有益的业余生活，把思想感情从孤独的小圈子中解脱出来，投入到广泛的高尚的活动中去。

如何摆脱“自恋情节”

那天在回家的路上，几个小伙伴遇到了一个新开张的护肤品小店，正举办了免费试用大酬宾。

“果果，我们去看看吧。”媛媛很高兴地说。

“好啊，走吧。”

这家小店的规模不是很大，但是服务态度还挺不错，那里的售货小姐会用仪器免费测试肤质，并推荐试用最适合肤质的化妆品。所以，果果和媛媛进去之后，首先开始要进行的就是免费测试肤质。

“您的皮肤为中性，皮脂和水分分泌适宜，是最健康的一种皮肤，它结实柔滑，富有弹性，不见毛孔，肤色红润有光，对外界刺激也不太敏感。建议您使用我们这里的营养霜和为皮肤量身打造的营养水，使您的皮肤长期处在不紧不松的状态。”

当然，由于那套化妆品的定价过于高昂，果果没有买就和媛媛一起回家了，但是售货小姐的一番话却让果果感到飘飘然，以为自己的皮肤真的很好。

从那以后果果对自己的相貌产生了自信，当她走在路上，看到有男生从身边走过，心里就觉得怪怪的：“他是不是也觉得我的皮肤很好呢？他是不是喜欢多看我一眼呢？”

后来她又觉得班上的男生看她的眼神都不对了：“是不是有人喜欢我呢？有可能吧，我的皮肤这样的好，一定很漂亮。”

从那以后，果果变得开始注意保养皮肤了。每天晚上，她都坚持用黄瓜片敷脸，到周末的时候还要定期做一次面膜，每周的周三还要用磨砂膏来去去脱落的角质层。她的这种行为，引起了妈妈的注意。

“果果，妈妈发现你现在和这张脸干上了，使劲地捯饬。”妈妈半开玩笑地说道。

“妈妈，我喜欢我的这张脸，那天卖护肤品的阿姨对我说的：说我的皮肤结实光滑、富有弹性，我的皮肤没有多余的毛孔，我的脸色总是那样的红润有光泽，所以我的皮肤这么好，我要好好保养。”

妈妈听了我的话，不禁笑道：“我的果果啊，像你这个年纪，哪个女孩的皮肤没有弹性？哪个女孩的脸色没有红润的颜色？哪个女孩皮肤表面不光滑呢？并不是只有你一个人是这样啊。”

妈妈说的话似乎更有道理，果果觉得有点不好意思了。

【妈妈给女儿的悄悄话】

从你最近的表现来看，我也觉得你最近的是要端正自己的心态，走出“自恋”的束缚。

传说在希腊神话之中，有一名美少年叫作瑟纳西思。某日，口干舌燥的他来到森林深处，发现一潭清冽之泉。当他弯下身探近水面时，发现水精灵也正探出美丽的面庞，仿佛注视着他。因此，瑟纳西思情不自禁地爱上了泉水里的美丽精灵。事实上，那是自己在水中的影子，但瑟纳西思却不晓得，他一直深深爱着的水精灵其实就是自己的倒影。瑟纳西思整日在水边留恋，最后，他终于溺死水畔。不久，泉水边开出一朵清雅的花儿，这就是瑟纳西思的化身——水仙。后人们就把一个人对自己的形象、身姿、感情或经历等过分关注、过分爱怜的行为叫作“水仙情结”，后来就干脆称之为“自恋情结”。

一般说来，如果一个漂亮女孩有一点自恋的倾向是很自然的，但如果这种情结严重到影响了正常的人际交往和生活态度，那就属于心理异常了。人人本来就都应该爱自己，但是爱得太过度就危险了。自恋者自我欣赏，又很在乎别人是否关注自己，并且期望得到别人的认同或赞美，但因为缺少与他人平等相处、沟通的能力，所以活得很辛苦。

那么如何才能摆脱“自恋情结”呢？最好的方法是要学会关爱别人。我们生活的世界是一个人与人相互依托的世界，学习工作上不可能不寻求别人帮助，感情上不可能不寻求寄托，而我们学着从对自我的绝对关注中解放出来，把眼光投向身外世界，以欣赏的、轻松的、乐施好善的心态去对人对事，就会感受到人与人之间的沟通并不困难，包括与异性的沟通也不难，因为异性中有很多善良、文明、智慧之士，与他们相处完全可以在知识上、性格上、心态上产生互补，也更可以体会到自己被宠爱、被呵护的幸福。可是试着想一想，当你尝试着去关爱别人，也能够接受别人的关爱时，人与人的关系就会变得十分融洽。

不要陷入“追星”的漩涡

花花是××明星的疯狂崇拜者，她每天读哼着××的歌，××仿佛成了她生活的全部。在花花小小的卧室中贴满了××的海报，在她的铅笔盒里到处都是××的大头贴。甚至在她的衣服上，都彩绘上××的靓照。

对于花花的这种过激行为，同学们常常在一起旁敲侧击，但是花花并不以为然，执着地爱着她心目中的星星。

最近听说××又闹绯闻了，交了一个新的女朋友，花花好不伤心，还对大家说：“××的那个女朋友，究竟哪一点好嘛！我看不出来。如果是我做他的女朋友，肯定比那个家伙要好。”花花的豪言壮语把我们逗得前仰后合。

每当小报上报道了关于××的新闻，花花绝对会在第一时间向大家播报，××的所有情况都牵动着花花的心，她甚至从现在就开始计划攒钱，梦想着有一天坐飞机去很远的地方看望他。

“××，也许我的学习成绩并不是最好的，但是我向你保证我是最爱你的。”

还真有一次，××来到我们这里巡演，花花不惜花大价钱买来了VIP的坐票去看演出，不想那天突然下了倾盆大雨，却丝毫不影响花花去看演出的兴致。回来的时候，大家看她全身都湿透了，不知道是汗水、是雨水还是泪水……

其实××的歌很多人喜欢听，但是并不像花花那般崇拜到了着魔的地步，简直是一种病态。

【妈妈给女儿的悄悄话】

其实，在大多数父母看来，孩子追星可以，但是要有个度，超过了底线的疯狂崇拜就不是什么好现象。并且最重要的一点是不应该完全将明星作为“精神支柱”，把明星看作了自己的“神”。这样长久下去，你们必然会对未来失去方向。甚至会因为不理智而发生惨剧。

前几年，刘德华的歌迷杨丽娟为了见他，不惜让自己的父亲卖肾筹钱，最终导致一家人的悲剧。杨丽娟疯狂迷恋刘德华，父母不但没有发现女儿的问题，反而还支持女儿追星，一家人都为“星”狂。当杨丽娟的追星越加疯狂时，她已经陷入妄想症的深渊不能自拔。她认为地位、权势比她高的人也都会喜欢她，她心里面实际上认为刘德华也是喜欢她。杨丽娟为了完成这个心愿，不惜一切代价。

这种错误的崇拜最终导致了整个家庭的破灭。

羡慕和崇拜名人并没有错，这是女孩普遍的心理，要知道成长本身就始于崇拜。但是由于缺乏自制力和辨别能力，女孩对名人的崇拜往往会陷入一种盲目，只看到名人表面上的光环，而迷失了自我的境地。如果一个女孩沉湎于对明星的追逐和依恋当中，不能自拔。一味关注明星们的漂亮外表或八卦绯闻，关注他们的名声或收入。这样的结果最终会耽误了自己学习和进步的时间。

女孩崇拜明星并不一定是件坏事，最重要的是要让她知道如何崇拜才最正确。如果能看到明星们最杰出的地方，学习明星的精神或优点，并与自己的实际联系起来，确定自己的奋斗目标，那崇拜明星就是挺好的教育机会。正如一位女中学生评价刘德华时所说："刘德华不止歌唱得好、戏演得好，而且还热心为社会服务。他非常关心我们的学业，常常要我们把成绩表拿给他看，鼓励我们把书读好。所以，我崇拜他，学习他，让自己变得更好。"除此之外，女孩们还要明白的是每一位明星的背后都有我们看不见的努力。

例如，提起徐静蕾，没有谁会陌生，她被称作"玉女偶像""中国影视界四小花旦之一"。徐静蕾那种举手投足间淡然流露出的优雅、纯情，迷倒无数少男少女的心。她是个才女，做导演，《一个陌生女人的来信》就让她获得圣塞巴斯蒂安科国际电影节最佳导演。要知道，这仅仅是她导演的第二部电影，就达到了别人梦寐以求的高度。

可是在这些光环的背后，徐静蕾小时候却被父亲"逼着"在市少年宫书法班学习，现在才写得一手好字。后来她看人家画画就喜欢上了画画，于是17岁的她不畏寒暑骑着自行车穿梭于偌大的北京城，走很远的路去学画。就是这些背后的努力，才让日后的徐静蕾取得了那么大的成就。

所以女孩追星，不是不可以，只是不要盲目，更不可以在追星的过程中迷失了自我。

总是依赖妈妈怎么办

小华的班上有一位“小不点”同学，之所以叫她“小不点”，一是因为她长得比较小，二是因为她的心理年龄也很小。

周末放学回家了，这个“小不点”同学不会和大家一起坐公交车回家，而是等妈妈开着车子来接她。在平日上课的时候，她的妈妈也会隔三岔五地来看她，送点好吃的点心或是应季新到的新鲜水果。总之，“小不点”同学就是在妈妈的细心呵护下成长，不会受一点委屈，所以也就习惯地依赖妈妈了。

如果妈妈不在，“小不点”同学也会和大家相处得很好，看上去乖乖的。不过她的行为习惯还是特别像个小孩子，自己很难独立，同学们说去哪里，她总是像小尾巴一样跟着大家。虽然大家都很爱护她，但却觉得和她有代沟，所以和“小不点”同学的谈话很难深入。

有的时候小华会和妈妈提到班上的这位“小不点”同学，妈妈听了直摇头：“这样的同学，以后长大了之后一定很难自己独立生活。”

那么，这个“小不点”，她以后就再也长不大了吗？

【妈妈给女儿的悄悄话】

小华，你的那位“小不点”同学有比较严重的依赖型人格障碍。依赖型人格障碍是一种以依赖心理为主要特征的人格障碍类型，青少年患者一般缺乏自信、自以为难以独立、自愿从属别人、任凭别人左右，如学业、职业的选择需要靠父母和他人决定，为了获得别人的帮助，不惜逢迎讨好。

这种依赖性的人格障碍一般是源于个人发展的早期。有的父母过分溺爱子女，并且鼓励子女依赖父母，不让他们有长大和自立的机会，以致久而久之，在孩子的心中就会逐渐产生对父母或是权威的依赖心理，长大之后依然不能自主，缺乏自信心，总是依靠他人来做决定，终身不能负担起独立选择采纳各项任务、工作的责任，形成依赖性人格障碍。

对这种依赖性人格障碍的治疗，可以采用如下的方法：

1.习惯纠正法：依赖性人格的依赖行为已成为一种习惯，治疗首先必须破除这种不良习惯。仔细检查自己的行为中哪些是习惯性地以来别人去做，哪些是自己决定的。对于自主意识强的事件，以后遇到同样的情况应该坚持自己的决定。比如自己喜欢穿颜色艳丽的衣服，那么以后就要坚持下去，而不要因为周围人的闲言碎语而放弃自己的想法。这样的事情看上去很小，但确是纠正依赖他人这种不良习惯的突破口。

依赖的行为并不是轻易就可以消除的，一旦形成了习惯以后，就会发现自己想决定每件事情毕竟很难，可能会不知不觉地回到老路上去了。为了防止这种现象的发生，简单的方法就是寻找监督者来监督自己。

2.重建自信法：如果只是简单地破除了依赖的习惯，而不从根本上找原因，那么依赖的行为也可能复发。重建自信的方法便是从根本上加以矫正依赖型人格障碍。

第一步，清除童年的不良印迹。依赖型的人一般都缺乏自信，自我意识十分低下，这与童年时期的不良教育在心中留下的自卑痕迹有关。最好的方法是回忆童年时父母长辈说过的对自己有不良影响的话，比如："你真笨，什么也做不出来。""瞧你那笨手笨脚的样子"等，把这些话仔细地整理出来，然后一条一条加以认知重构。

第二步，重建勇气。可以选做一些略带冒险性的事情，每周做一项，例如：独自一人到附近风景点作短途旅行；独自一人去参加一项娱乐活动或是一周规定一天"自主日"，这一日不论什么事情，决不依赖他人，通过做这些事情，可以增加勇气，改变以往事事依赖他人的弱点。

Chapter3

苹果不好吃，躲过花季雨季的劫

——说给情窦初开的你

花季是女孩一生中最美的季节，但也会成为最恼人的雨季。在这个多愁善感的季节，爱情的种子在女孩的内心悄悄萌芽。情窦初开的女孩会对心仪的男孩怀着深深的情愫，就如含苞欲放的花蕾，美丽可人，又让人生无比怜惜。

只是，女儿你要知道，在学习的年纪不要过早地谈感情。早恋之花开得早，也谢得早。你现在还不是恋爱的年纪，还不懂得什么是真正的爱情，很容易在爱中受到伤害。无论遇到多么让你心仪的男孩，你都要自尊自重，千万不要委曲求全，伤了自己，也误了终身。你要对自己一生的幸福负责。

摆脱说话脸红的尴尬

历史老师风趣幽默，同学都很喜欢他，木木也不例外。木木很想找机会亲近这位可爱的老师，可是不知道该怎么办比较好。

还是花花的主意比较多："你想个问题问他，他一定会很耐心地给你解答。这样的话你不就可以和老师近距离地接触了嘛？"

木木觉得花花说得有道理，想出一个可以向老师请教的问题。

这天等到老师下了课，木木快步上前拦住了他："老师，我有一个问题想问您。"说到这里，木木开始感到自己脸上有点发热了。

老师静默地站在那里等待木木提问。

"是这样，那天您上课的时候讲东汉时期我国出现了瓷器，而在讲商朝的时候又说那时出现了原始青瓷，这两种说法是否矛盾？" 木木提问的时候还在想思考这种问题似乎有点钻牛角尖。

"不矛盾。"老师很肯定地告诉木木，"商朝出现的原始青瓷，只是在材料的使用、烧成的温度、具有挂釉的特征这三个方面有瓷器的特征，而关于瓷器的其他特征比如吸水率、显气孔率等都没有达到标准，所以不是真正的瓷器，而只能成为原始青瓷。"

"可是，老师，" 木木听了老师的一大堆术语，居然没有听懂，而且还想和老师多套两句话，就继续胡搅蛮缠地对老师说，"如果这样说的话也不对，因为后来明朝、清朝制造瓷器的标准在汉朝的时候也达不到的，为什么不把汉朝的瓷器也归结成为原始青瓷？"

“汉朝的瓷器已经达到了瓷器的标准，所以才将汉朝作为瓷器历史的开始。”老师绕开了木木无聊的问题。

木木眨眨眼睛看着老师，胡乱地抓抓头，冒冒失失地说了这么一句：“不明白……算了，我不问了。”

老师温和地看木木，居然笑了出来。木木觉得更不好意思了，匆匆地回到了自己的座位，再看花花，已经在那里笑了好半天。

【妈妈给女儿的悄悄话】

你碰见陌生人时觉得害羞吗？当你问人问题时，觉得害羞吗？如果你必须在讲台上演说，你会害羞吗？如果你忽然看见一棵可爱的树、一朵纤美的花，或是一只在巢中唱歌的鸟儿，你会觉得有点不自在而又想静静站着观赏吗？你知道，害羞是一件好事。但是对大部分人来说，害羞隐藏着难为情。过多地关注自己，势必把自己装在一个精神的茧壳里。

害羞是一种难以描绘的情感屏障，是人人都能触及的精神茧壳。而人往往又在这种心理的网罗下，作茧自缚，所以，要破茧成蝶，就要打开束缚，勇敢地面对生活。

马克·吐温说，人类是唯一会害羞的动物，人类有时也需要害羞一点。可是，人们却不应该在正常行事的过程中害羞，同样也不应该在一个连动物都会害羞的场合下无动于衷。

害羞有时会是一种痛苦。它是一个令人麻烦的东西，使我们变得懦弱、不安、不快。我们会感觉自己很愚蠢，像一只被观赏玩弄的动物一样。但是，害羞是可以克服的。当然，这不是一蹴而就的事情，否则我们就会发展到一个极端，这是更可怕的，尤其是对别人来说。

萧伯纳年轻的时候就非常害羞。有一次，他到一条街去付账，他在街上来回走，就是没有勇气去敲门。

今天，人们可以对萧伯纳做出很多种评价，但是没有人会说他害羞。他之所以喜欢做惊人之举，从心理学的角度讲，是为了弥补自己的害羞。

在美国有40%的成年人有害羞表情，在日本60%的人为自己害羞，在我国则几乎所有的人都有害羞的时候，连宋代大诗人苏轼也曾有过“归来羞涩对妻子”的尴尬场面。有专家认为，害羞心理并不都是消极的，适度的害羞心理是维护人们自尊自重的重要条件。有人调查表明，害羞的人能体谅人，比较可靠，容易成为知心朋友，他们对爱情比较忠诚，保持自己贞操。女性适度的害羞，可以使之更显得温柔和富有魅力。一个害羞的女大学生对潇洒的男子来说其吸引力可超过一个漂亮的交际花。当然，这里讲的是“适度”，如果过于害羞，那就成了心理障碍。

我们如何才能控制自己害羞的情绪呢？答案就是：不要再考虑自己，下定决心，勇敢地着手做自己不敢做的事情。勇敢地面对我们感到害羞的事情，我们就可以控制它。摆脱自我约束即便不是最重要的艺术，也是人生的首要艺术。

不敢抬头看男生怎么办

小宁最近总是心情郁闷，她总怀疑自己有心理障碍：为什么我只要一看到男生就会感到特别的紧张和害怕？有的时候，如果有的男同学坐在我旁边，我从来都不敢抬头看一眼，也不敢同人说话，实在是让人万分难受。

有一次全校举行运动会，小宁到现场的时候比较晚，基本上都没有座位了。葱头对小宁大喊："小宁，那边有个空位，坐过去吧。" 小宁顺着葱头指的方向一看，空位旁边是个男同学。小宁宁可自己站着，也不愿意坐过去，她觉得好别扭啊！小宁和葱头摆摆手，示意她不过去坐了，自己就一直站在原地。

媛媛似乎看明白了小宁的心思，把脸贴在葱头旁边不知说了几句什么话，葱头看了小宁一眼，自己坐到那个空位上了，花花冲小宁喊："小宁，葱头坐那边去了，你过来吧。"

多谢朋友们的谅解，小宁满心欢喜地跑了过去。

散会之后，葱头走过来对小宁说："小宁，坐在我旁边的那个人特别能说笑话。早知道你坐过去就好了。"

【妈妈给女儿的悄悄话】

我能够感受到你在不敢看男生的时候心情很紧张，压力也很大。但是，妈妈想告诉你的是，事情并没有你所想象的那么严重，你应该先让自己放轻松。

你可以选择听听音乐、唱唱歌，或者读点优美的诗词，看点富有哲理的散文，给自己的思想一个自由奔涌的机会，然后坐下来，静静地向日记倾诉，再现一个自然的你。

真的，你实在是不应该自我压抑。一个刚刚进入青春期的女孩，即便喜欢上了班上的某个男同学，也是很自然的一件事情，这种感情不同于儿童，也不同于成人，是非常纯洁的，应该珍惜。

你可以把它作为秘密，甜甜地埋藏在心里，也许永远都不会被人知道，但是不要因自己的这种心理现象而埋怨自己，因为每一个进入青春期的女孩都会多少有这样的情感产生。你之所以看到男孩子会感到紧张，是把这种原本正常的、可以理解的感情，当成了肮脏的、不该有的东西，因而在内心的深处产生了深深的自责。

那么，应该怎样做到既珍惜这种少女之情，又不陷入早恋以致影响到学习和身体健康呢？许许多多的过来人都有一条共同的经验：即将自己的目标投向更加美好的未来，为了自己理想的实现，你会将自己的注意力转移到许多有益的事情上来。当你在和男同学相处的时候，可以把他们作为参与竞争的伙伴而在一起坦然地学习，探讨问题或是完成某项事情。如果以性别而论，社会就是由男人和女人组成的，一个自立于社会的女性不仅要掌握现代的科学文化知识，也得具备各种与人打交道的本事。作为成长阶段的中学生，自然是需要全面锻炼自己的，哪能见了男生就不敢抬头呢？

妈妈还想告诉你一个秘密：有不少学生，在异性同学的面前都会有或多或少的不安和紧张呢。不过，他们大多数将自己的情感藏在了心里，努力让自己做到坦然、大方，渐渐地也就真的习惯成自然了，你只要留意调整一下心态，也会变得落落大方的。

和男孩交往要把握尺度

自从花花情窦初开后，和男孩的交往开始变得小心翼翼起来，她一说话就脸红，而且语气也娇艳了许多，我们都感觉有点发麻了。

“花花，你的作业本呢？没有交？”科代表过来找她询问。

花花看了他一眼，温柔地笑了一下：“不好意思啊……嗯……”

课代表大概是着急往老师那里送：“你到底带没带啊？什么时候能给我。”

花花轻轻地说着：“嗯……你等等，让我找一下。”说着，脸居然红了。

“快点，快点，还有5分钟就要打铃了。”科代表实在是等着急了。

花花用轻柔地动作在书包里翻了半天，结果什么也没有找到：“我好像没有带……”

“哎呀，明天带过来吧。”科代表说完之后，一溜烟地直奔老师的办公室。

也许是因为花花太过于敏感，以至于很多男孩都不愿意理她。相比之下，葱头却和男孩在一起玩得很好。因为她总会表现得很自然，所以不会像花花那样让人感觉不自在，在男生那边的口碑也不错。大家有事情都爱找葱头，比如说，篮球场上缺少一个替补队员。

“嘿嘿，葱头，你比较合适，没有合适的人选了，你上吧。”

“好啊，没问题。”葱头一如既往地大大咧咧，看上去也很可爱。

【妈妈给女儿的悄悄话】

青春期，由于性生理的发展和逐渐成熟，女孩在心理上强烈地意识到男女有别，因而不可避免地对异性产生朦胧的好奇心或爱恋之情。

这时的女孩开始有意识地修饰自己的仪表，注意自己的谈吐，希望自己能够引起异性的注意。心理学家认为异性交往会有如下几点互补性：

1.个性互补。

单一的同性交往，远不如多和异性交往更能丰富人的个性。心理学研究表明，社会中的个人，交往范围越广泛，和周围生活的联系越多样，他的社会关系就越深入，精神世界就越丰富，个性发展就越全面。

2.心理互励。

大多数人，尤其是青少年，都有心理上的“异性效应”，往往表现为有异性参加的活动，较之只有同性参加的活动，参加者一般会感到更愉快，干得也更起劲、更出色。这是因为，当有异性参加活动时，异性间心理接近的需要得到了满足，从而使人获得程度不同的愉悦感，从而激发出潜在的积极性和巨大的创造性。

3.情感互慰。

人际间的情感是极为丰富的，除了爱情之外，还有亲情、友情、同情、敬爱、恩情等。男女之间可以有不带爱情色彩的情感交流，它可以使人感受到温暖，达到心理上的平衡。在“异性效应”的作用下，这种情感的交流更为密切，能达到有效的情感互慰。

4.智力互偿。

研究表明，虽然人类智力的高低总体上没有性别差异，但男女之间的智力特质有所区别。以思维能力为例，男性比较擅长离奇、大胆的抽象逻辑思维，善于抽象和概括，更喜欢用综合的方式对待现实；女性则擅长于具体形象思维，比较感性，更适合处理以实践应用和形象思维为支撑的事情。通过异性交往，双方均可取长补短，提高学习、工作的效率。

刚刚步入花季雨季的少女应该怎么做呢?

女孩在与异性交往时不要过于随便，一举一动都要大方得体，要注意交往场所的选择。在与异性单独相处时，要注意选择合适的场所，尽量不要在偏僻、昏暗处长谈。如果在房间里单独谈话，不要紧闭门窗，以免引起不必要的误会。

在与异性交往时，还要分清友谊与爱情的界限。

友谊和爱情之间既有联系又有区别。爱情关系和友谊关系都是以彼此之间相互欣赏为基础的。友谊和爱情有严格的区别：

首先是内涵不同。友谊是一种平等的、诚挚的、亲密的、互相依赖的关系。而爱情是一对男女之爱，并渴望对方成为自己终身伴侣的关系。其次是对象不同。友谊是广泛的交往，而爱情是在一对男女之间发生的。友谊可以通四海，而爱情是男女之间的隐私之情，只能是真挚专一、忠贞不贰。

再次是要求不同。友谊关系中，主要承担道德义务。而爱情关系在双方缔结婚姻关系后，不仅承担道德义务，还要承担法律责任。

异性朋友一定要注意，不要模糊两者的界限，与异性交往，要学会正确利用奇妙的“异性效应”，学会彼此欣赏和相互学习，同时要尽量把握好交往的尺度，让自己身边多一些朋友。

偷偷喜欢男老师，怎么办

新来的体育老师姓牛，第一节课的时候就向大家做自我介绍：“大家好，我就是牛老师。”葱头在下面接个下茬：“有没有猪老师呢？”

不过这个牛老师长得很帅，不单是丽丽这样说，全班同学都一致公认的：他的肩膀宽宽的，个子高高的，穿着天蓝色的运动衫，胸前吹着哨子，手里拖着篮球，那样子实在是潇洒。连班上的男生都惊呼：“哇！帅哥。”

这位牛老师脾气非常温和，站在列队前，总是向大家微笑，他笑得那么自然、那么亲切，立刻拉近了他与同学之间的距离。

在篮球课上，他一遍一遍地给大家做运球、投篮的示范动作，他健美的身姿实在令人着迷。之前丽丽从来都没有摸过篮球，所以在练习的时候笨手笨脚的，牛老师耐心地帮助她纠正动作。

以后的课余时间，这位牛老师经常成为全班女生的谈论话题：

“牛老师的气质，就像是《灌篮高手》里的樱木花道。”花花抢先发言。

“他也有点像是流川枫。”嫒嫒说。

“不过在我的心中，牛老师就是牛老师，即便是樱木花道还是流川枫，都比不上我的牛老师啊！”丽丽说道。

伙伴们早就发现丽丽特别喜欢谈论牛老师，问道：“丽丽，你是不是喜欢牛老师？”

“你们不也很喜欢吗？我只是和你们一样的喜欢而已。”虽然丽丽的口头上没有承认，但是在心里已经肯定了，他的一切在丽丽的眼里都是那样的完美。只是丽丽不知道牛老师是否也同样喜欢她呢?

【妈妈给女儿的悄悄话】

对年轻、有风度的老师产生爱慕之情，这是可以理解的，他也许是第一个闯入你心房的具有很大吸引力的年轻男子，与周围的男同学相比他肯定要出色很多。你对他产生好感，是十分正常的心理现象。

然而，坦率地讲，你的这种爱慕之情并不一定是真正的爱情，换句话说，这只是一种对异性，尤其是对优秀异性的一种朦胧的好感，在这一个年龄段的青春期女孩，常常表现出既成熟又幼稚，既清醒又迷糊，既狂热又消沉的矛盾心理，并开始把目光更多地集中在异性的身上，憧憬着梦幻般甜美的爱情生活，但是，这时候的你对于什么是真正的爱情却知之甚少。

爱情是双向的感情投入，爱情不能仅凭感情，还要有思想、道德、学识、性格、气质、习惯，甚至家庭影响等很多方面的考虑，而且需要处理很复杂的人际关系。作为一个学生，你现在能驾驭这么多吗?

所以，最明智的选择是及时控制自己的感情，不妨先将这段美好的感情沉积在心底，等你长大之后，随着你眼界的开阔、知识的增长、你会渐渐走向成熟，你会把这段美好的感情作为人生一段珍贵的回忆。

也许你会感到很难控制你的感情，这是肯定的。建议你从以下几点入手试试：

1.改变环境。尽量避开与老师单独向相处的机会，多参与体育活动，多与同学们在一起，将自己融入集体，就不会更多地沉湎于个人的感情之中了。

2.转移感情。发展自己的兴趣爱好，课余时间多读课外读物，参加各种体育活动，多做些社会工作，将自己的生活充实起来，你将会发现一个更加广阔的充满生机的天地，自然也易于从缠绵中摆脱出来。可以在周末的时候约上好朋友，投身到山清水秀的大自然中去，让轻轻的风、柔柔的水、波涛汹涌的海和层峦叠嶂的山启示你人生的丰富多彩，帮助你走出迷茫。

最后，我想，人生最可贵的就是拥有理智，希望你能够理智地控制自己的感情，收获美好的未来。

收到了情书，怎么办

这天绝对是华华有生以来最值得“纪念”的一天，华华收到了第一封情书——虽然说只能算是一张小纸条，不过，也可以称之为“微型情书”。

“情书”的作者是坐在华华前面的同学当当，没有想到平时不爱说话的他，居然还挺有“勇气”的。这封信的内容如下：

“华华，我十分欣赏你的气质。

我很希望能够和你一起超越友谊。

让我走近你、了解你，好吗？

即便是你不同意，也不要逃避，我仍然愿意和你做好朋友。”

这封情书写得真是精彩啊，可是为什么他的作文水平不是很好呢？华华心想，然后得意地把这张纸条收好，但是心里却忍不住臭美了起来，直到晚上回家，华华还沉浸在兴奋的状态中。妈妈一眼就看出了华华有什么事情瞒着她。

华华把这张纸条递给妈妈看，并且问道：“妈妈，我应该怎样处理这封信呢？要给他回信吗？”

妈妈没有立刻回答华华的问题，沉吟了一会儿说道：“你对这封情书是怎么看的？”

华华实话实说：“没有什么特别的看法啊，只不过心里有一点高兴，那种感觉是没有办法形容的。”说完之后，华华的脸居然有点红了。

妈妈拍拍华华的头说：“你可以好好保留这张小纸条，若干年之后，或许这是你宝贵的青春记忆呢。至于是否要回信，你自己看着办吧。妈妈相信你能处理好的。不过你要准确地将自己的意思传达给他，一是要感谢，二要礼貌地回绝。”

听了妈妈的话，华华心里一阵感动，有这样一位善解人意的妈妈真的是太幸福了。

【妈妈给女儿的悄悄话】

爱，一种崇高而无私的人类关怀，就像纯正的巧克力一样，含在口里，慢慢地融化、消失，不带半点杂质；它芬芳、甜美，悄无声息地渗透到人心的最深处；它是令人感动的、艳美的。每个女孩都渴望爱情，都希望沉醉在爱河中感受人生的幸福。

爱如玫瑰，娇艳欲滴，当你忍不住伸手采撷的时候，玫瑰之刺划破了你的双手，血像那火红的玫瑰，疼痛让你揪心。然而，不疼又怎知爱情的酸甜，不痛又怎知爱情的苦辣？

爱情是复杂的，正如我们常说的，心有千千结，情有千千结。人的感情世界，千姿百态。而爱情处于人类感情世界的中心与巅峰，是人感情最敏感、最瑰丽、最奇妙、最神秘并且变化无穷的部分。难怪王尔德说："生命对于每个人都是很宝贵的。坐在绿树上望着太阳驾着他的金马车，月亮架着她的珍珠马车出来，是一件多么快乐的事。山楂的气味是香的，躲藏在山谷里的桔梗同在山头开花的石楠一样是香的。可是爱情胜过生命……""不管哲学是怎样的聪明，爱情比它更聪明，不管权利是怎样的伟大，爱情却比它更伟大。爱情的翅膀是像火焰一样的颜色，它的身体也是像火焰一样的颜色。它的嘴唇像蜜一样甜，它的气息香得跟乳香一样。""爱比'智慧'更好，比'财富'更宝贵，比人间女儿们的脚更漂亮。火不能烧毁它，水不能淹没它……"

爱是一种无声的默契。爱是洗尽铅华、发如乱草般靠在你肩头的疲惫的脑袋；爱是尽敞脆弱，任酸楚与失意的泪水在你面前无须掩饰地真情流露；爱是飘雪冬夜的一杯热茶，是低落时爱人唇边一缕暖暖的微笑；爱是情愿为漂流如风的自由套上缰绳，躲在斗室的柴米油盐中相依相守。女人是爱的使者，在爱情中妙龄男女情深深、意浓浓，彼此无微不至地关怀，相互之间寻求心灵最和谐的默契，相视一笑间最是动人。

情感是阳光下的瀑布，璀璨夺目；爱情像七彩的花环，绚丽而夺目。古往今来，多少痴情少女不顾一切地奔向爱情，投入爱情的怀抱，抱着找到另一半自我的梦想，至死不悔。爱情是美好的，是迷人的，是绚丽多姿的。她就像一场春雨，冲去了大地所有的污秽，让世界充满新鲜泥土的清香。正如艾青所写的：

“这个世界，什么都古老，只有爱情，却永远年轻；这个世界，充满了诡谲，只有爱情，却永远天真。只要有爱情，鱼在水中游，鸟在天上飞，黑夜也透明；失去了爱情，生活像断了弦的琴，没有油的灯，夏天也寒冷。”

爱情是人类永恒的话题，是人生永久的颂歌，爱情让平淡的生活绽放光彩，让短暂的生命源远流长。女人，因为有了爱，所以就有了追求魅力的动力。

他想和你约会，怎么办

自从当当给华华写了小纸条之后，华华礼貌地给他回了一封信，而且就按照妈妈告诉她的，客气地回绝了他。不过从那以后，华华变得格外地注意他。他们之间也并不怎么说话了。

有一天，他突然来到华华身边，对华华说：“华华，我们可以当普通的朋友，好不好？你写作业很认真，我想向你学习呢。”

看他一脸的真诚，华华也并不讨厌他：“嗯，那好吧。”

华华相信男孩都是善良的，不想伤害他。课间的时候，他们经常在一起写作业，或者是讨论一道题应该用什么样的方法来解决，有的时候，葱头会过来和他们凑个热闹。

不过在私下，华华的伙伴们会让她“坦白从宽”。

“华华，把你们之间好玩的事情和大家说说吧。”花花鼓动着。

“没有什么好说的啊，只不过在一起写写作业，他很聪明，像葱头一样聪明。”华华轻描淡写地应付花花。华华觉得，她和他，与别的人无关，她也不想制造一些话柄。

【妈妈给女儿的悄悄话】

女孩要如何才算是会爱一个男孩呢？学会下面8件事，你就会成为一个懂得爱的女孩。

1.爱人就是爱人，只要去爱，不要拿来比较，爱他一定要尊重他，对大多数男人来说，赞赏和鼓励比辱骂更能让他有奋斗的力量。因此，即使是在吵架时也不可以出口伤人，言语的伤口有时一生都会在流血。

2.不要整天追问对方爱不爱你。爱是做出来的，不是说出来的。挂在口头上不落到实际的爱太苍白无力。

3.不要总摆脸色给对方看。人无完人，即使他令你不满意，但是他自己已有很多压力，在你面前，他需要放下面具，做回自己，做个普通人。

4.给足他面子。男人对自己的面子看得比什么都重要，不管在私下他有多么宠爱你，多么怕你，在人前你一定要给足对方面子，让他做天不怕地不怕老婆更不怕的他口中的顶天立地的男子汉。给足他面子，他就会更加宠爱你。

5.男人大多喜欢吹牛，千万别戳破他的这个小把戏，因为这样做可以让他们得到一点力量，找到一点自信，好继续人生征程接下来的拼搏。

6.男人骨子里全都喜欢美女，看到美女会目不转睛或回头行注目礼，你别认为他不爱你，也别认为他好色，爱看美女是男人的本能，与品格无关。

7.不要让虚荣和功利迷住眼睛，物质的追求是无止境的，你的人生不是活给别人看的，鞋子合不合脚只有自己知道，舒服最重要，千金易得，有情郎难寻。金钱有价，真爱无价。

8.男人为何喜欢温柔的女人，因为他们虽然外表坚强，但内心却很脆弱。只要你有优雅的外表和气质，以柔克刚就是轻而易举的事。

一个女孩如果能时时关怀她所爱的男孩，那他在远离你时也会让人放心和可以信赖；一个女孩如果善于关怀男孩，也就会带动他去关怀、理解他身边的人；一个会爱男孩的女孩，也一定是个有信心和有魅力的人。

保护自己，拒绝性行为

放学后，豆豆和同学看到学校路旁有安全套自动售卖机。

“在学校门口放安全套售卖机，难道是鼓励我们作乱吗？”葱头道。

“明天我们一起写匿名信举报吧，我从来还没有写过匿名信的。”花花说。

“感到很不爽，而且就固定放在学校的门口。”媛媛也觉得这样做有点不合适。

“你们听说了吗？好像在学校附近有的小卖部里，能偷着买到迷魂药还有安全套呢。”花花跟大家说了她的小道消息，大伙足足吸了一口凉气。

“是不是这样干就可以不留后患，干净利落？”豆豆问道。

“我们没有经验。”她们几个异口同声。

回到家，豆豆把这件事对妈妈讲了，妈妈说：“现在的生意人只为了赚钱，别的都来不及考虑了。你要知道，一个女孩最重要的做人原则就是自重，自己看重自己才对啊。如果不负责地任意发生性行为，最后吃亏的一定是女孩，而且即便是对身体没有什么伤害，也一定会在心理上留下阴影，后果肯定不堪设想。”

豆豆想，花花那个不靠谱的主意其实也挺对的，要不，明天和她商量商量，一起写个匿名信举报吧！这样做也许能够挽救更多无知的女孩。

【妈妈给女儿的悄悄话】

先让妈妈给你讲一个真实的故事吧。

阿美是大家公认的小公主，非常漂亮，虽然刚满15岁，身材却已经发育得很好了。阿美从小就得到了大家的宠爱，叔叔阿姨都特别喜欢阿美。

阿美喜欢琼瑶的小说，对小说中那种“生死相许”的爱情羡慕得不得了，希望自己在某一天邂逅自己的白马王子。

后来，阿美收到一个男孩写的情书，男孩在信中不停地说着他对阿美是如何的爱慕与欣赏。这种“情书攻势”一直持续了2个月，阿美终于心动了，约好了见面。在校园旁边的公园里，阿美终于见到了自己的“王子”——原来，他竟是高年级的学长。两人就这样相互微笑着凝望，阿美对他简直就是一见钟情。

接下来发生的故事：两人放学一同回家，星期天一起去逛街、去爬山……让阿美最激动的是，男孩那天吻了她。阿美渐渐觉得自己有了性冲动，而且每当男孩拥抱她的时候，她似乎也感觉到男孩的身体在颤抖，他似乎也有性冲动。有一天，阿美到男孩的家里玩，男孩的父母正好不在家。两人说笑打闹着滚到了床上。此时，男孩紧紧抱住了阿美，在耳边说道：“我爱你，我要照顾你一辈子……”阿美浑身发热，颤巍巍地点了点头，她就这样把自己完整地献给了男孩。

过早地地偷食爱情的禁果，并非像她想象的那样甜美、幸福。自从那次之后，他们又发生了多次性关系。

不好的事情终于发生了，阿美在学校的一次身体检查中，被查出已怀孕3个月。学校给予了阿美严厉的处分，阿美的父母听到这个消息差点没有当场晕过去。

那个男孩从此不再来找阿美了，后来一打听，她的那个“王子”居然已经转学了。阿美欲哭无泪，看到同学们老在自己身边指指点点，看到妈妈那失望与悲伤的眼神，看到别人异样的眼神。阿美心理防线终于彻底崩溃了，某个晚上，阿美服下了一整瓶安眠药……

目前，有相当一部分青少年按捺不住，发生婚前性行为。诸多事实已证明婚前性行为不可取，而且少女做流产，对身心带来有害影响，故应采取措施防范。爱情之花是圣洁的，只有到了一定年龄，遇到能正确理解它、懂得珍惜它的人，才能栽培并以真诚之水浇灌，使之永远盛开。对于正值青春期的女孩来说，在爱情生长的土壤还不具备的时候，最明智的办法是筑好防线，集中精力学习，树立正确的人生观，培养高尚的情操，学会自尊、自重、自爱和自制，使自己的行为符合社会道德规范，用健康的思想和法制观念来指导自己的行动。

正值青春萌动的少女一定要认识到，任何性行为都是要承担后果的，而这些后果往往不是尚且稚嫩的自己所能够承担的。过早涉足禁区，留给自己的只能是无可挽回的伤害。

爱情无疑是美好的，但是，那也是一朵需要等待、需要精心浇灌的花朵。学会用自尊、自爱、自重来守护自己的爱情园地，妈妈相信，在属于自己的爱情季节里，这个园地里一定会盛开出更美丽的花朵！

Chapter4

安全健康，照顾好自己

——给需要保护的你

进入青春期，女孩生理心理都发生很大的变化。她们对异性开始关注，但这种关注往往只停留在外表上。比如只关注帅气高大的男孩。女孩们在一起会对某位男生品头论足。这一时期的女孩最容易受到伤害，因此在与异性交往时，一定要提高自身保护意识。

亲爱的女儿，无论在生活上还是与人交往中，你一定要做自己的保护伞。平时要避免男女单独相处；与异性在一起时，身体始终要保持至少半米的距离，不管你与他的关系如何，都不要过于亲密；言语要得体、大方而不失稳重；不乱交朋友，不去酒吧、网吧等场所；单独与异性在一起时，要敞开房门；不能允许任何人接触和抚摸你的身体。

千万别中了手机的毒

那天晚上，沙沙和妈妈正在客厅聊天，忽然听到妈妈的手机响了一下就挂断了。

“妈妈，有人打您的电话，我帮您把手机拿过来吧。”沙沙说着就跑去把手机拿了过来。

妈妈看看手机上的号码：“奇怪，这个号很陌生，根本不认识啊。”

“妈妈，您给打回去问问不就知道了吗？”沙沙对妈妈说。

妈妈笑了一下说：“沙沙，不用理会，这可能是诈骗电话。”

“啊？”沙沙听了一愣，“怎么电话还会有诈骗呢？”

“嗯，不信，我们可以上网查查这个号码的归属地，一定是外果真地的。”结果，沙沙和妈妈上网输入这个号码一查，显示的果真是外地的。

“这种电话诈骗的方式是拨通其他手机的电话，然后响两秒钟就会挂断，不知情的人一旦回拨过去，就要交高额的电话费。”

“啊！原来是诈骗！”

妈妈接着说：“利用电话诈骗的方式有很多，而且防不胜防，最好的方式就是不要相信陌生人的来电，如果遇到状况及时通知家长，就可以避免受骗。”

【妈妈给女儿的悄悄话】

手机在现代社会已经得到普遍应用，而手机短信更是人们互相联络的得力助手。可是，手机短信中存在着诸多安全隐患，很多不怀好意的人往往会通过发送诈骗短信来牟取钱财。因此，常与手机短信打交道的女孩们一定要提高警惕，防止自己掉入不法分子的短信陷阱里。

妈妈向你介绍一些常见的电话诈骗方式：

骗术一：“手机号为13*********，您的朋友为您点播了一首××歌曲，以此表达他的思念和祝福，请您拨打9****收听。”遇到这种情况，你最好不要拨回电话接听歌曲，因为这样很有可能会给你带来高额话费。

骗术二：听到铃声想起，一旦你接听，电话会马上挂断。当你按照号码回拨后，听到的可能是这样一段电话录音：“欢迎您致电澳门六合彩……澳门中心竭诚为广大彩民爱好者提供信息，透露密码。联系电话1395983****。”遇到这种情况，你也一定不要回拨，因为这是以非法“六合彩”招揽客人，如果你回拨电话，既可能会损失话费，又很容易上当受骗。

骗术三：“您好，移动通信公司现在将对您的手机进行线路检测，请您暂时关闭手机3个小时。”此种情形很可能是机主因为某种原因泄露了家庭电话号码，行骗者可能会在机主关机的时候，以“要求汇款”等事由诈骗事主的家人和朋友。所以，有关这一点，要格外留意，防止上当受骗。

骗术四：当你收到开头为0941或0951的未接来电，一回拨即收费500元。因为这是典型的利用0941、0951加值型的付费电话。对此种来电，你一定要格外小心。

而黑短信诈骗通常会采取以下4个步骤：

1.首先发送虚假消费短信，提示你“您在某地刷卡消费××元，如有疑问，请拨××银行信用卡服务部××电话查询”。

2.当你按提示电话号码回拨，接电话人会自称是××银行工作人员，谎称你的卡出了问题，并指示你按其所提示步骤将钱转入所谓保密账户。

3.这时你很可能会按照“银行工作人员”所提示的步骤，将所持卡上的钱转入所谓“保密账户”。

4.通过电话获得受害者的卡号和密码后，不法分子会迅速将你卡上的所余金额转走。

刚刚步入青春期的女孩会相对缺乏社会经验，而彼此间的联系又多是通过手机或手机短信进行的，这就给那些不法分子提供了很多可乘之机，这就需要在平时注意提高警惕，面对这些手机或短信诈骗，要提高自己的防护能力。

自己拉响安全警钟

“当当当——”屋外有人敲门，但却不说话。

“是谁？”沙沙问了一句，当时屋里只有沙沙一个人，可是外面仍旧没有人搭话。

那个神秘的人拧开了沙沙家的防盗门，直接敲她家的木门。糟了，妈妈出去的时候忘记了锁防盗门。

“当当当——”这声音听起来这样刺耳。可是这个人到底是谁啊？

沙沙躲在屋里，有点害怕了。她再次鼓起勇气大喊一声：“你到底是谁啊？”可奇怪的是外面的那个人仍然不说话。

让他在外面敲门吧，我不理他就是了。可是，如果他把我家的门撬开了怎么办？沙沙一个人在屋里，越想越害怕。情急之下，沙沙马上拨通了妈妈的电话：

“妈妈……防盗门没有锁……有个人在一直敲门不说话……我害怕……他在撬门。”

“果果，你冷静一点，我就在楼下，马上回家。”

原来，妈妈恰好在回家的路上，而且就在楼下，沙沙心里一下踏实多了，她跑到门口听听一会儿妈妈会和那个神秘的人说什么。

“请问您找谁？”沙沙听到了外面妈妈的声音。

那个人依旧不说话，不知在外面做什么，然后就走了。妈妈在外面喊：“沙沙开门吧。”

“妈妈，刚才外面的那个是个什么人，吓死我了。”

“他是个聋哑人，而且看样子是从很贫瘠的地方来，只是想讨一点钱，没有别的恶意。”妈妈说道，“不过，沙沙你这样做是对的，对待陌生人一定要多几分防备才行。害人之心不可有，防人之心不可无啊。”

【妈妈给女儿的悄悄话】

“小妹妹，我是修水表的，你爸妈打电话让我现在过来，给我开门吧。”

“小同学，你看，我手机没电了，我又急着找我儿子，他在上大学，我找他有急事，你手机借我用一下行吗？用完了就还你。”

很多情况下，我们往往是不假思索地就相信了陌生人，开了门、递给对方手机，而却没有意识到要保护自己，这不能不说明我们自我保护意识太过于薄弱。

1998年11月18日是“流星雨之夜”。凌晨3点多钟，北京市八里庄地区14岁的女中学生马某和她表弟在看完流星雨回家的路上，遇到了罪犯庞某。庞某自称是联防队员，要查看马某的证件。当马某的表弟被支走回家取学生证时，庞某以去派出所为由将马某带上出租车，随后诱骗到一公园内隐蔽处，猛然将马某摔倒在地，并用木棍殴打马某的头部，见马某昏死过去，便对其进行流氓活动。当庞某发觉马某已经死亡，便用草覆盖尸体后逃逸。

据庞某交代，他将马某带走的路上，曾不止一次遇到行人，当时他心里很紧张，但马某并没有呼喊求救。另外，罪犯遇到马某姐弟的地方，离马某的家不过300米！距离凶案现场却有很长一段路程，庞某还打了一辆出租车。事后据那位出租司机反映，当时马某是自己打开车门上的车，一路上，她也一直没有向司机示警或求救。那位司机说：“这个小姑娘死得太可惜了，其实当时只要她有一点暗示，我肯定会帮助她。”

女孩的死给我们以警醒。这样的事例不在少数，这其实也要求我们一定要时刻提高警惕，并增强观察、识别能力，不被坏人的甜言蜜语所迷惑，谨防上当受骗。

不仅如此，我们还要学会在适当的时机与歹徒巧妙周旋、斗智斗勇，尽力保护自己，以增强感性认识和自我保护能力。如何帮助自己树立强烈的自我保护意识并尽可能地实行自我保护呢？不妨从以下几个方面做起：

1.遇事要冷静，不要让所谓的哥们义气害了自己，也害了朋友。学会拒绝不正当要求，坚决不与坏人同流合污。

2.不要随意泄露个人及家庭情况，以免不法分子利用。

3.独自在家时，不要给陌生人开门。如有人撬门爬窗，应立即大声呼救或电话报警。

4.平时尽可能多地学一些法律知识，学会用法律武器保护自己的合法权利。

5.遭到严重暴力侵害时如绑架、劫持、伤害等，一般不要与其硬拼，但更不要吓得不知所措，屈服于恶势力。这时要镇静、机智地与之周旋，以寻找机会脱身并报警。

生活有美好、阳光的一面，但生活中也处处存在着危险。我们正处于成长时期，阅历相对简单，社会经验相对不足，鉴别是非的能力也较弱，所以更应该加强自我保护意识，从而将伤害降低到最小。

有人尾随，怎么办

这天菜菜一个人走在路上，总是觉得后面有人在跟踪她。菜菜总共回头看到了三次，都是同样一个人。他为什么要跟踪我？难道是个别有企图的人吗？菜菜心想。

菜菜决定把他甩开，就躲进一家小卖部假装买东西，而他偏偏也跟着菜菜进了同一家小卖部。看到他进来之后，菜菜就出来了，而他也跟着菜菜出来了。

菜菜心里开始有点着急了，这可怎么办啊？旁边没有熟人可以帮忙。这时，菜菜看到路边有一个卖瓷器的小摊，她有办法了！

菜菜走到那家小摊前，拿起一个大号的瓷罐子，然后故意摔碎，发出了很大的声音。

摊主看到他的商品被菜菜摔碎了，急忙跑了过来："这个小同学，你把我的东西摔坏了，你要照价赔偿。"

"凭什么要我赔偿？我又不是故意要摔你的东西。这种破瓷罐子，能值几个钱。算了，您就认倒霉吧。"

摊主一看菜菜这态度，跟她火了："小同学，你怎么这样不讲道理。明明是你把我家的东西摔坏了，就应该赔。咱呀，找个地方说理去吧。"

"走就走，谁怕谁啊！" 菜菜和那人继续吵，而且毫不避讳地嚷嚷要去公安局。

菜菜一边吵，一边观察那个跟踪我的人，他已经走了。于是她松了口气，对那个摊主说道："真是对不起，我回家的路上发现总有一个人在跟踪我，躲不开，实在没有办法才找碴儿跟人吵架。现在他人走了，多少钱，我照价赔偿您吧。"

摊主明白了事情的来龙去脉，也转怒为喜："原来是这么回事。小姑娘，在外面一定要多小心啊。"

就这样，菜菜成功甩掉了一个尾随的人。

【妈妈给女儿的悄悄话】

一般来讲，陌生人的尾随，多数情况下是有预谋的，也有个别情况是因为我们自身存在着某种诱因。一般来说，尾随的目的有两种：一是尾随到僻静的地方，寻机下手，进行抢劫、绑架，或想占女孩子的便宜；另一种是尾随到家，乘开门之机，进入家中进行抢劫等犯罪活动。

所以，一个人在外行走时，须保持警惕，注意观察有没有人总是跟着自己或总是在自己附近时隐时现，要提前做好准备，想好应对措施。在单独回家快要进入单元门口时，先不要急着进去，应该注意观察有无可疑之人尾随。如果发现情况异常，应该迅速向楼外人多的地方走，或者求助邻居。进了单元门后，突然发现走廊有形迹可疑之人，不要开门，要巧妙地走出单元门，告诉小区的值班人员。另外，还应该主动打电话把情况向爸爸、妈妈说清楚，以防不测。

1.发现自己被歹徒盯上，不能惊慌，要保持头脑的清醒、镇定。同时，根据自己的体力和心理状态、周围情况、歹徒的动机等积极寻找智对良策。如果只是被歹徒盯上，应迅速向附近的商店、繁华热闹的地段跑去，那里人来人往，歹徒不敢轻举妄动；还可就近进入居民区求得群众帮助。

2.如果在近家处碰上了尾随者，而且又难以摆脱时，不要急于进家门，要先想好哪个邻居家里经常有人，先到他家去敲门呼喊："大爷，我有事找你!""奶奶!开开门，我是×××，有点事!"爷爷、奶奶们一定会帮助你的。如果邻居家也没人，可以乘机快跑到家，紧锁门窗，然后再打电话设法与外界联系。

3.如果在上学的路上被人跟踪，可马上加快脚步，甩掉那个陌生人，跑到学校报告老师。

4.为了摆脱跟踪，我们可以向路上一些陌生人借机打个招呼，问一些事情或无关紧要的问题，这样能够给尾随者一些心理压力，让他不敢对自己下手。

5.甩掉盯梢人后，应及时打电话报警，将盯梢人的长相、高矮、胖瘦、大约年龄等特征告诉警察，便于他们调查、破案。

野外遇到危险，如何求救

“我们该原路返回了，因为我手里的线用完了。”葱头不无遗憾地对我们说。

“啊？我们只走了一个多小时，还没有碰到好玩的，你的线就用完了。我们再往前走一点吧。”花花有点意犹未尽，她执意要求再往前走走。

“葱头，我也想再往上爬一段呢。”花花说道，“一会儿我们再按照远路下来，一定会看到这根线的。”

“那……好吧，不过千万不要走太远，否则我们极有可能迷路，你们看，周围既没有路可走，也没有人可联络。”葱头谨慎地提醒大家。

“要不这样好了，我建议再往上走15分钟，然后就下来吧。”媛媛建议道。

意见达成一致，大家继续往前走。但是说说笑笑间居然把媛媛的建议忘掉了。

“妈呀，咱们赶快回去吧。”葱头看看表，我们又走了半个小时。我们赶快原路返回，不过奇怪的是，我们试图按原路返回，走了半个小时，却找不到原路了。

“莫非是遇到了鬼打墙，那根白线找不到了，我们怎么下山啊？”花花急得大叫。

“糟了，这可怎么办？”花花一时也慌了，哎！刚才只顾了玩，居然把安全抛在了脑后，如果被山中的豺狼吃掉可怎么办？我再也回不了家……

“别急，别急，这个时候要赶快想办法，不然等到了天黑那就更不好玩了。”葱头从容地安慰我们，脸上现出一丝镇定，“你们看，这周围有矗立的铁牌‘保护森林，严禁烟火’，我估计一定会有巡山的人。我们可以点一堆火，也许会有人发现我们的。”

“要不这样，我们可以做一个火把，拿在手里，一边求救一边往山下的方向走，好不好？”媛媛借着葱头的思路发挥。

事到如此，只能这样做了。大家举着火把，往山下的方向走。

“你们是干什么的？”大家正走在路上，听到远处一声粗重的声音，循着声音找过去，看到一位农民模样的老大爷。

“你们快把火灭了，快点。”那个人又喊了一声。

伙伴们一阵欣喜，葱头说：“这个人应该是巡山的人，是强盗的概率几乎为0。”大家分明看到了那个人肩上的红袖章。

“我们迷路了，能不能把我们带下山去？”媛媛大声喊道。

就这样，伙伴们成功获救了。

【妈妈给女儿的悄悄话】

如果在探险的过程中自己和队伍出现困难，需要借助外界的力量救助时，应该懂得一些基本的求救方法。在此，妈妈向你介绍一下有哪些便于操作的信号求救方法以及如何使用信号求救：

1.点燃火堆或者是放烟火。

可以就地点燃三堆火，这三堆火中间的距离最好相等，是最常用的求救方法。如果是在白天，火堆的亮度不是很明显，这种情况下可以在火堆中加入橡胶片、生树叶、苔藓、蕨类植物、青草等可以产生浓烟的物品，以便通知外界。在夜晚点火最好是在开阔的空地上，以免造成火灾，并且向可能的居民区方向点火，用火光传达求救信号。

2.用声音求救。

可以大声呼救，或者借助其他的物品发出响声，不过这种方法不宜过多使用，在这种情况下更重要的是保存体力。

3.利用光传达信号。

如果是在白天进行信号求救，利用回光反射信号，也是不错的很有效的方法。可以利用的反光物品可以是金属信号镜、罐头皮、玻璃片、眼睛等等。以前曾经有人做过测试，白天用镜子借助阳光反射的光信号，可以传播16公里远。

具体操作的方法是用一只手瞄准应传达的目标地，另一只手持反光镜调整反射的阳光，并逐渐将反射光向瞄准的指向即可。

4.在地面上做标志。

如果周围有一片比较开阔的地面，比如在草地、海滩、雪地上，可以制作地面标志。把青草割成一定标志，或者是在雪地上踩出一定标志；也可用树枝、海草等拼成一定标志，这样做的目的是与空中取得联络。例如：

SOS（求救）

HELP（帮助）

LOST（迷失）

INJURY（受伤）

通过以上的一些方法，可以增加我们被人发现的概率，及时获救，将损失降低到最小。

坚决拒绝尝试“刺激药片”

最近在全学校范围内开展“拒绝毒品，珍爱生命”的主题活动，通过这场活动，让原本不懂得毒品的嫒嫒认识了毒品。

“毒品是什么？”嫒嫒一脸的疑惑。

“哈哈哈哈！现在居然还有不知道毒品的人，你实在是太OUT了。”花花卖力嘲笑嫒嫒的无知。

“我真的不知道。”被花花这样一嘲笑，嫒嫒更困惑了，“果果，你知道毒品是什么吗？”

“我也不是特别清楚，我只知道要拒绝接触毒品。不过最近学校在组织活动，会在信息栏上面贴很多照片，我们就认识毒品啦。”果果对嫒嫒说。

“那好，我们一起下去看看吧。”说着，嫒嫒和果果一起结伴去学习毒品知识了。

【妈妈给女儿的悄悄话】

“白色瘟疫”“生命毒剂”“头号杀手”……对于毒品，任何一种表述都不为过。毒品，不但是摧残肉体、销蚀灵魂、毁灭家庭的恶魔，更是严重危害社会治安、践踏人类文明的世界公敌。在吸毒者人群中，80%有违法犯罪行为。

生活中，犯罪分子会利用以下招数来诱惑青春期女孩：

1.“吸一两次毒品不会上瘾。”

2.“免费尝试。”使人上瘾后，再高价出售毒品。

3.谎称“吸毒治病”。

4.谎称“吸毒可以炫耀财富，现在有钱人都吸毒”。

5.利用女孩爱美之心，编造“吸毒可以减肥”的谎话。

处于青春期懵懂的女孩，对于毒品，一定要提高警惕，辨别来自外界的诱惑因素，并充分认识毒品的危害，珍视自己的生命，提高抵御毒品的能力。

1.不要有任何好奇心，不要以身试毒。以身试毒必然要付出惨痛代价。

2.绝不抱侥幸心理，绝不要“第一次”。

3.不结交有吸毒、贩毒行为的人，慎交朋友。遇有亲友吸毒，一要劝阻，二要回避，三要举报。

4.远离毒品场所，严防毒品侵害。不要在吸毒场所停留，不做被动吸毒者。

5.不要听信吸毒是“高级享受”的谎言。吸毒一口，痛苦一生。

6.不要接受吸毒人的香烟或饮料，因为他们可能会诱骗你吸毒。

7.不要听信毒品能治病的谎言，吸毒摧残身体，根本不可能治病。

8.不要盲目追求感官的刺激。许多年轻女孩就是因为空虚，追求刺激而走上吸毒道路的。“吸食毒品犹如玩火”，酿成恶果追悔莫及。

9.不要因为遇到不顺心的事而以吸毒消愁解闷。要勇敢面对失学、失恋等人生挫折。对于自制力还比较差的青少年来说，青春的力量逼人而来，似乎具有不可抗拒的魔力，如果没有正确的认知、理智的控制，很容易成为自己冲动和欲望的奴隶，过早地尝试一些本不应该尝试的行为，一失足成千古恨。而面对毒品，一定要坚决地说“不”，不要让毒品有任何接近自己的机会。在这方面，理智的自制能力，尤为重要。

提高警惕，识别骗术

这天，豆豆和沙沙一起去逛街，正好赶上中原商店两周年的店庆。她们从老远看到那里围满了人，一打听才知道原来这家商店要举行感恩回馈、礼品赠送的活动。两人不禁都动心了，连忙跑过去也凑凑热闹。

主持这个活动的是中原商店的经理，他首先拿出了一瓶护手霜，他说：“这瓶POOLOO牌的护手霜在我们店的售价是38元，不过今天我要把它送给一位幸运的朋友。”说着他就随即将这瓶护手霜送给了其中一个人。

接下来，经理说：“第二个环节，我要低价出售这瓶护手霜，只要5元，您就可以把它拿回家。谁愿意买？”这时一位老太太拿出5元钱要买，而经理在把商品交到她手里之后却退还了5元钱，说：

“今天是我们商店的周年店庆，希望您日后支持我们的商店，不收您的钱了。”

接下来，他又陆续拿出了很多商品，都是先开价，等周围的人去买，当人拿出钱来之后，他总是把东西送出去却分文不取。我和媛媛看了之后心里乐开了花，心里合计着待会儿我们一定要抢一个大块头。

不一会儿，这位经理拿出了一个大礼包，说道：“这是我店为了回馈客户而特意准备的大礼包，里面有价值1600元的数码相机一台以及高级旅行套装，现价只要40元，谁愿意出钱购买？”

“沙沙，就这个了。”豆豆一边喊着一边拿出了40元，交给那位经理，他把大礼包给了豆豆。

沙沙不甘示弱：“豆豆我也想要。”说着，她也拿出40元给了那个经理，同时拿到了大礼包。

可是奇怪的是，那位经理并没有把钱退给她们，等人们都把钱交给他之后，他就宣布结束活动了。

“完了，豆豆，咱们上当了。他没有给我们钱。”沙沙似乎明白了。

“他是不是看亏本太多，玩不起了啊？没事，包里有东西呢，我们先看看相机的质量怎么样。”说着，她们打开了大礼包。

打开包之后她们都傻了，这哪里是什么数码相机，而是一种最原始的“傻瓜”相机。两人就近找了一家照相馆，请那里的人来帮忙看一看这个相机到底价值几何。

一个好心的叔叔告诉她们：“孩子，这个相机虽说能用，但是它的成本很低，用来照相很容易曝光，且浪费胶卷。”

这个大骗子，豆豆顿时感到怒火中烧，同时明白了一个道理：天上不会掉下馅饼，而天下也不会有白吃的午餐。

【妈妈给女儿的悄悄话】

知道了你们上当被骗，还好只是金钱受到一些损失，就当作是买个经验教训吧。确实如此，社会上各种骗人的把戏有很多，而目的都是为了坑人钱财。除了今天你所遇到的。妈妈在日常的生活中也经常会遇到过一些骗子，把我经历过的五花八门的骗子说出来让你见识一下吧。

骗术一：我曾经在街上遇到一男一女带个小孩，拦住我，对我说孩子病了，没有钱回家，让我帮助给点路费让他们回家给孩子治病，还说他们好几天都没有吃饭，让我给点钱好让他们买点吃的东西。遇到这样的情况，最好的方法是告诉他们可以去找警察寻求帮助。

骗术二：我曾经在路边看到过一个青年男子，穿得破破烂烂，身上挎一个包，用粉笔在地上写着“找不到工作，太饿，求好心人给点食物。”一般看到这样的，可以断定是个骗子。听说在我国的某些地方，这样的骗局在同一个城市可以同时上演上百起。

骗术三：如果在路上遇到一沓人民币，千万不要抱有侥幸心理去捡，尤其是在银行门口，那一定是有人埋伏下的圈套。以前听说有一个人走在路上看到有一沓钱，就捡了起来，当时就有两个猛汉跳了出来，把他捡到的“一摞钱”交出来，然后告诉这个人这摞钱是假的，威胁他把真的钱交出来。最后这个人有理也说不清，只好自认倒霉。

骗术四：还有一种很陈旧的行骗方法，就是发短信通知你中奖了。如果你真的信了，按照上面的账号汇钱过去，那寄出去的钱也就石沉大海了。

基本上所有行骗的手段，都是用到了人们的怜悯心和贪便宜的心理才会得逞。骗子的把戏可以说是五花八门，令我们防不胜防，这就要求我们在遇到一些事情的时候要冷静考虑一下，如果遇到那些似乎不通过付出就可以得到的东西一定要谨慎，很可能你就已经被人骗了。

远离虚幻的“网络爱情”

“花花，怎么一副魂不守舍的样子，上课又走神了吧。”老师在课上当着全班同学批评了花花。

确实如此，最近大家也都觉得花花有点不太对劲，她突然一下子变得温柔了许多。原来，花花买了一台新电脑，然后学会了网上交友。在网上，她认识一个叫“一水隔天”的网友，逐渐两个人就聊上了。这个“一水隔天”在网上和花花坦白，他是个无业青年，但是花花却觉得他很诚实，一心认定他是一个难得的人。

“花花，你是不是刚才又在想那个‘一水隔天了’？”下了课，小敏跑到花花那里，想问个究竟。

“小敏，你看。”花花拿出了一个精美的小本子，上面记满了“一水隔天”给她的绵绵情话：

“你是天上的月亮，我就是陪伴在你身边的星星。”

“你知道我时刻在想你吗……”

看着这些情意绵绵的词句，小敏都觉得浑身发软，更不要提那个已经深陷其中的花花。

“小敏，我想和他见面，好吗？”花花问小敏。

“反对，你了解他吗？”小敏问道。

“怎么不了解？你知道吗？我每天用在和他聊天的时间不少于3小时。”

小敏心里汗！怪不得她最近成绩下滑得这么厉害。

不管小敏的态度，花花执意要和那个“一水隔天”在公园见面，而且还把他介绍给了伙伴们。

有一次，小敏和花花在回家的路上不经意看到了“一水隔天”。

“花花，你快看，快看啊！”花花顺着小敏手指的方向，看到了他在和另一个女孩在一起。

“啊！”花花一下子就傻了，随后大颗的泪珠落了下来。

【妈妈给女儿的悄悄话】

青春期女孩对社会及爱情的理解还很肤浅，判断力、成熟度较差，容易被那些虚构的凄美动人的网恋小说、网恋故事所感动。于是，不少女孩在网络聊天室寻觅“知音”，自认为拥有网上知音是一种精神刺激和满足，是心情自由放飞的空间，沉迷于网上交友，模仿着小说中的恋爱故事。先是出于好奇，进而模仿，发展到后来就不能自拔了。花花的变化正是印证了网恋的悲剧。

在虚拟的网上与人谈情说爱，这是很危险的事，会使人沉迷于虚幻的情爱之中，想入非非，无法与现实接轨，造成情绪异常，甚至会引发严重后果。在网上谈恋爱、“结婚”不仅会影响青春期女孩世界观的形成，还会影响他们对未来婚姻的态度。在这种虚无缥缈的感情里游走，只会让人变得玩世不恭、萎靡不振。

对于刚刚迈进青春期的女孩来说，情感开始萌动本是一件自然的事情，无可厚非，但是，在这个敏感的时期，一定不要陷入网恋的情感漩涡中。少女们在平时要认清网友的真面目，拒绝与网友交流生活、感情、私密的问题，注意防范人身安全。在日常生活中，要经常与家长或所信赖的亲友、师长沟通，感受来自周围的温暖关爱。

步入青春期的女孩需要知道，爱情是一个奇妙的东西，它会在属于自己的季节如期到来。而在它到来之前，每个人都需要仔细守护自己的情感地带，切不可因为网恋而伤害了自己。

坚决远离“性骚扰”

上个周末，妈妈带着小敏去听一场关于“女生应该如何自护”的报告会，收获很大。令小敏想不到的是，女孩在日常的生活中难免会遇到“意外骚扰”，这个时候要变得勇敢坚强，自己保护自己。

那次在公交车上，小敏就遇到有一个不怀好意的人，借着拥挤的人群，有意无意地触碰她的手和腰部。于是小敏决定换个地方站，走到了女性乘客比较多的地方。

像这样类似的事情，也许每个女孩都会碰到一些，比如在网上聊天，有时就会碰到一些和并不认识的人想和女孩交朋友，甚至会说一些“有色语言”。这个时候，女孩们就应该义正词严地拒绝和这样的人交流，以免自身受到伤害。

【妈妈给女儿的悄悄话】

性侵犯泛指一切与性相关，且违反他人意愿，对他人实施而造成身心侵害的行为，包括强奸、诱奸、性骚扰在内的行为都可算是一种性侵犯，而暴露、窥淫等也可算是性侵犯的一种。

许多研究表明，遭受性侵犯的女孩会在相当长的时间里，不同程度地表现出一系列心理症状，比如恐惧、焦虑、抑郁、暴食或厌食、不喜欢自己的身体、对身体有异样感、低自尊、行为退缩、攻击性行为、注意力不集中、药物滥用、自杀或企图自杀等。如果没有得到足够的帮助，成年后多会在人际关系方面遇到困难，难以与异性建立亲密关系，有人还会多次受害。由此可见，性侵害对青春期女孩的身心健康有长期的影响。

对于性侵犯，我们一定做好预防的准备，最重要的是提高自我的防范意识、学会自我保护。例如，不与异性在过于隐蔽的环境中单独相处，尽可能夜间不要在外逗留时间过长或单独出行，不与异性到成年人的娱乐场所玩乐，等等。而在上述这些预防性侵犯的注意事项中，有一点需要特别指出并加以强调，那就是女孩子在走夜路时的安全警惕问题。这里有一些建议，希望可以给女孩子提供帮助：

1.保持警惕性。如果是经常走的街道，要记住晚上营业的商店、治安岗亭或附近居民住宅、派出所等；如果是陌生的街道，要选择有路灯、行人较多的路线。同时，还要对路边黑暗处要有戒备。

2.陌生男性问路时不要为他领路，如发现有人跟踪尾随，要设法摆脱。

3.最好不穿过分暴露的衣服。

4.不要搭乘陌生人的车辆。

5.如遇不怀好意的男性挑逗，要及时斥责，表明态度；如遇坏人，首先应高声呼救；若四周无人，则要保持沉着冷静，要利用自己随身所带的物品进行自卫。

如果不幸被侵害，那么不管侵害你的人是陌生人还是家里的长辈、老师等熟人，你都要理智地做到以下几点：

第一，尽快告诉自己信任的亲人、老师或学校领导。有些女孩出于羞耻感，或是怕家人或老师批评而不敢告诉自己本应该相信依靠的人，而宁愿自己一个人默默承受这份难当的痛苦。其实，被侵害，错不在自己，错的是施害者。只有在这些值得你相信的长辈的帮助下，你才能真正走出困境。

第二，要懂得用法律来维护自己的权益。对于那些失去理智、纠缠不清的无赖或违法犯罪分子，千万不要惧怕他们的要挟和讹诈，也不要怕他们打击报复。要大胆揭发其阴谋或罪行，学会依靠组织和运用法律武器保护自己。当施暴者是熟人时，也不能沉默，否则性侵害者更加有恃无恐。也千万不能“私了”，“私了”的结果常会使犯罪分子得寸进尺，没完没了，而应当勇敢地站出来指证，这样不仅可以防止性侵害进一步发展，而且有利于事后公安机关搜集其犯罪证据。

第三，学会保护证据，如不要洗澡，保留对方的毛发、精斑、血液、抓痕和现场遗留物。如果可能的话，你还应该让别人拍下能证明你所受伤害的照片，同时，最好还能找一个证人，把她（他）的证词做好记录。

第四，受到伤害后，应尽快去医院检查，以防止内伤、怀孕或感染性病等，并及时进行心理咨询、心理治疗，医治精神创伤。

当然，青春期女孩需要注意了，在平时的生活中一定要掌握一些保护自己的技巧。如果不幸遭遇了性侵犯，也不要乱了分寸，要在第一时间里最大限度地减低自己可能遭受的伤害，然后记得要勇敢地拿起法律武器保护自己。

必须注意饮食安全

一天，小伙伴们去农家院旅游，吃饱喝足后去山上玩。

花花大叫：“你们看，那边的是不是西红柿？”

“哪里？根本没有啊。”沙沙说。

“哎呀，就在那个藤架上的。”原来是一片绿色的果实，形状和外观都酷似西红柿，只不过颜色是绿色的。

“我长这么大都没有见到过绿色的西红柿啊。”葱头说道，“这个不是吧，花花？”

“我在市场上有见到过黄色的小西红柿，这应该也是新物种吧？”

“我们还是问问当地的人再吃吧，如果万一他们种的这种不是给人吃的呢？”我心里有点犯嘀咕了。

我们摘了这种绿色的西红柿，回去后问了小院老板这些东西究竟是否可以吃。

“唔，这种绿色的西红柿，你们尝一尝，特别甜，比那种红色的要甜得多。”他说着还从外面接过来一盆井水，将果实泡在里面又拿了出来，我们迫不及待地拿过来吃，果然很甜。

“嗯，真好吃。如果您要是不说，我们都不敢吃呢，怕中毒。”

“是的，在山上找东西吃一定要小心，很多食物如果不小心食用，进入到人体之后就会产生毒素。一定要确定可以吃之后再食用。”小院老板说道。

【妈妈给女儿的悄悄话】

妈妈先给你讲一个真实的事情吧：

几年前，安徽省一名女孩突然无缘无故地七窍流血暴毙。经过初步验尸，她被断定为砒霜中毒而亡。那么砒霜究竟从何而来？面对众人的疑惑不解，一名医学院的教授被邀赶来协助破案。

那位教授仔细察看了从死者胃中取出的残留物，不到半个小时，暴毙之谜便被揭晓。教授说：“死者不是自杀，也不是被杀，而是死于无知的‘他杀’。”大家听后一头雾水，感觉莫名其妙。

教授接着说：“砒霜是在死者腹内产生的。”死者生前每天都会服食维生素C，这原本没有任何问题。问题出在她晚餐吃了大量的虾，虾本身也是没有问题的，所以她在家吃了都没有事，但死者不巧同时服用了维生素C，问题就出来了。

美国芝加哥大学的研究员已经通过实验证明，虾等软壳类食物含有大量浓度较高的五钾砷化合物。这种物质被食入体内后，本身并无毒害作用，而在服用维生素C之后，由于化学作用，原来无毒的五钾砷，即砷酸酐（五氧化砷），转为有毒的三钾砷（即亚砷酸酐），又称为三氧化二砷，这就是我们俗称的砒霜!

砒霜属于剧毒，它能麻痹毛细血管，抑制巯基酶的活性，并使肝脏脂肝小叶中心坏死，心、肝、肾、肠充血，上皮细胞坏死，毛细血管扩张。因中此毒而死的人，通常是七窍出血。为慎重起见，在服用维生素C期间，切忌食用虾类。

步入青春期的女孩子们需要特别注意，生活中有一些饮食搭配其实很不合理，很多食物都是相克的。

除了注意饮食的搭配以防中毒外，我们在平时的生活中还要注意其他一些饮食安全。下面列举一些不良的饮食习惯，希望女孩们尽量避免：

第一，不吃早餐，却常吃夜宵。正确的饮食习惯应该是，早上吃得像皇帝，中午吃得像平民，晚上吃得像乞丐。不吃早餐就开始一天的学习、工作，身体为了取得动力，会动用甲状腺、副甲状腺、脑下垂体之类的腺体去燃烧组织，除了造成腺体亢进之外，更会使得体质变酸，患上慢性病。而常吃夜宵会导致变胖，甚至得胃癌。

第二，经常大量食用冷食，对女孩的健康非常不利。过食冷饮会引起胃肠道内温度骤然下降、局部血液循环减缓等症状，影响对食物中营养物质的吸收和消化，甚至可能导致消化功能紊乱、营养缺乏和经常性腹痛。

第三，经常食用“冰箱西瓜”。西瓜放在冰箱中不能超过两个小时，否则会对脾胃和咽喉造成很大的伤害。西瓜本身性冷，如果在冰箱中冷藏过久，对脾胃伤害极大，容易导致腹胀、腹泻，引起脾胃不适。

第四，饭前饭后吃水果。吃水果的正确时间是饭前1小时和饭后2个小时左右。不要在晚上睡觉前吃水果，不然充盈的胃肠会使你的睡眠受到影响。

总之，生活中有很多饮食安全常识，我们不可能全部知晓，并在生活中完全按照规则去饮食，但是掌握一些最基本的方法，并尽力去避免因饮食不当带来的麻烦，是非常有必要的。

Chapter5

在该学习的日子，不要选择安逸

——说给孜孜以求的你

东晋陶渊明诗云：盛年不重来，一日难再晨。及时当勉励，岁月不待人。青春，是人生最美好的年华，也是读书奋进的最好时光。切不可教一日闲过！

女儿，你要懂得“知识改变命运”的道理。在该学习的年龄，要抓紧努力提升自己的素养和能力。学习，是你实现一切美好愿望的基础。

总为考试担忧怎么办

哎，又要月考了！

“考考考，老师的法宝！分分分，学生的命根！”

真不知道谁制定出考试这种东西，我们学生一天到晚好像都为了考试而考试，每天都疲于奔命。什么周考、月考、期中考、期末考等等，考试不断。我都烦透了。

更糟糕的是，考完后又是试卷讲评啦，甚至还有讨厌的同学故意过来问分数的。不过又怎么样，就算他们不问，爸妈也会问，就算爸妈不问，老师也知道——别以为我不知道，老师们记性可好，谁成绩好谁成绩不好，心里都记着呢！

先不说别人关不关心分数的事吧。就说我们自己，考得好的呢，担心下次保不住这么好的成绩；考得不好的呢，不仅成绩没的保，连信心都快保不住了：“怎么这么点分？”

下个周一又要考试了。这前面的错题还没吃透呢，又要复习，看来这个周末去游乐园的计划又泡汤了！

能不能只学不考啊？要是有这样的学校就好了，我一定第一个报名去他们学校念书！

可是，哪有啊？

起码，中国，没有。而且，好像外国也没有诶。

哎，看来整个地球都没有啊。

……

我的心情真像这外面的天气啊，一个字——阴！

看看吧，看看吧，我都由对考试的厌恶变成了担心，继而到了胡思乱想的地步了，整个儿一个“考试焦虑综合征”啊。

神啊，救救我吧。

一不小心，我看到了媛媛的日记。我不是有意的！她把日记写了就往桌上一搁，忘记收拾了——好像是冲到操场上背英语课文去了。

原来媛媛也这么担心考试啊。看不出来，她成绩可一直都不错呢！

【妈妈给女儿的悄悄话】

像媛媛这样对担心考试的是好孩子。因为她很在乎自己的荣誉啊！一个对自己荣誉那么在乎的人，一定会想办法维护自己的荣誉的。这样的人也一定能克服各种困难，取得成功！

不过，媛媛也不必过于担心。

就像媛媛说的，不考试的地方这个地球上都不存在。既然是这样，那还焦虑什么呢：反正总要面对，不如开开心心地面对。因为焦虑有用吗？如果焦虑有用，媛媛也不至于粗心地把刚写完的日记隔在书桌上，让你这小家伙有“一不小心”的机会看到优秀的媛媛原来也这么担心考试了，对不对？

其实心态很重要。心态对了，事情往往成功了一半。

怎样对待考试，就是一种心态的处理问题。

首先，我们要正视考试。因为就算你离开学校，以后到了社会，还是有许多大大小小、形形色色的考试：参加某些工作要考一些资格证啦，比如妈妈当教师，需要考教师资格证；去公司工作要见面试官，这也是考试；想要开车，得通过驾照合格考试，等等。可以说我们的人生要面临的考试远不止在学校里面对成绩或者说书本知识的学习的检测，考试无处不在，如果一直焦虑，那么以后的人生怎么办？岂不是要一直在焦虑中度过？

而且，媛媛也有点太在乎考试的结果了。其实很多考试，像你们的周考啊，月考啦，只是老师们对学生的阶段性学习的一个测量手段，他们只想看看大家学到了多少，学得怎样，并不会心里总带着成绩表来看待学生，老师的脑子毕竟不是计算机，记不了那么多的。

而从另一个方面，也就是学生本身来讲，考试会让大家对所学的东西有一个阶段性的巩固，能对一段时期内学的知识查漏补缺，不知道的，及时补上；知道了的，更加巩固。媛媛说“前面的错题还没吃透”，不正是看出她很好地利用了考试的用途，对自己尚且不太懂的地方做出弥补吗？这点她做得很好。这样，她一定会通过考试不断进步的。

考试有适当的焦虑是好事，因为这样会让人在适度的紧张下调动思维的积极性，所以有些学生能在考试出现“超常发挥”，就是指的这种情况。当然，焦虑的度要把握好，过了，就可能适得其反，对平时学习起反作用，变成为了考试而考试，那就很危险了——有可能秘密也被人家“一不小心”看到哦。

把学习当成坚定的信仰

最近不知道怎么回事，社会上老是听到“念书无用论”的调调。班上甚至有同学直接辍学，说要去工作挣钱，说起来理由还一套一套的：什么念了大学又怎么样？出来工资还不是一两千？有的甚至都比不上农民工。

来自农村的小华甚至还给我举例，说他的表哥小军去年大学毕业，在一家私企上班，每个月的工资才1500块，还不如他在外面给人粉刷墙壁的爸爸，每个月有4000块呢！表哥全家人就培养出那么一个大学生，都指望着他大学毕业拿比村里人都高的工资，期望着高收入高回报呢，谁知道竟是这样？早知道就不念大学了，白白花了好几万，耽误青春不说，光是花掉的钱都不知道哪一年才能挣回来。

小华说还有更严重的，他们隔壁村有个大学生毕业都快一年了，至今都没有一份像样的工作，每个月还得靠家里寄钱维持生活，过着和大学生差不多的生活。加上在外工作，不比在学校念书房租相对低廉，父母寄的生活费有时甚至比以前更多了。

大家听到小华这样说，都纷纷发表意见，说得最多的是读书无用，不知道要读来干什么。

时间久了，一些同学甚至开始厌学，课前也不预习了，上课也不认真听讲了，课后就更不用说了，看小说的看小说，玩游戏的玩游戏。反正也没目标了，这学还念个什么劲啊。

看到大家这种厌学的情绪一天高过一天，班里学习的氛围则是一天低于一天，我都开始心焦了：学习到底是为了什么？或者说学习到底有什么用呢？

【妈妈给女儿的悄悄话】

学习也是一种信仰。

你们班上有极少数同学辍学去工作是心太急，跨了阶段去提前做了一些不该在青少年阶段做的事情。这有点像你们小时候学的一个寓言故事里说的“揠苗助长”，他们过早地把自己从学习的阶段拔到社会的阶段，是错误的行为，日后某个时期，不管过了多久，或长或短，他们多多少少会为自己当年草率的行为后悔的。

而且，社会上所谓的“读书无用论”也是完全站不住脚的。你想想，那个只拿1500的大学毕业生才出来工作多久？而那个拿了4000的给人刷墙的爸爸又有了多少年的工作经验了呢？所以这样两种情况根本就不具有可比性。一个很简单的例子，妈妈20年前的工资才300块呢，现在已经有了3000多了。你能说我当时拿那么少的工资是因为当时妈妈念的书没用吗？

再说说小华邻村那个总是找不到稳定工作的大学生。这两年经济危机让很多人失业，大学生就业形势严峻也是众所周知的事情，国家正在大力解决大学生就业的问题；而且能不能找到工作，或者能找到什么样的工作，与个人能力也是很相关的，并不能就此推断读书是无用的。如果这样，那些优秀的大学生，像我们隔壁的真真姐，她也是大学毕业，一个月工资有1万多，那听到这个消息的小华，是不是又会认为读书还是有用的呢？

问题的关键之处不在于读书有用没用，这是个不容讨论的问题。我们必须读书，而且要有终身学习的想法，就像我前面说的：学习是一种信仰。因为读书本来就不是和钱直接挂钩的，我们当然也就不能根据以后工作挣钱多少来判定现在读书是否有用。读书应该是培养一个人的知识储备、素质涵养、思考问题、解决问题的能力以及具备怎样的视野等等综合素质的一个过程。

我们每个人都有一个成长的过程，在成长的过程中，我们都要学习一定的基础知识和技能。只有当我们的知识储备和能力达到了一定的水平后，我们的人生梦想才有可能实现的一天。

人的一生是分阶段的，到了什么阶段就应该做什么事，而不能提前预支自己的能力。当然了，更不能停滞不前，故步自封。

你应该知道有句古语叫“欲速则不达”吧？说的就是做事也好，为人也好，都要一步一个脚印，慢慢地来。你们现在正处在读书的阶段，以后走到社会，这样一心只读书的机会将会越来越显得弥足珍贵，所以，该好好学习的时候为什么不好好学习，而要去想些看不着的明天呢？我们只有把握好了今天，把握好了能把握住的今天才能有更好的将来。何况，我们也只能活在今天。

什么专业真正适合你

“有谁知道哪个专业最挣钱？”

“‘工商管理’是个什么东东，有没有知道的？”

“‘土木工程’怎么样？”

“计算机专业好像也不错诶。”

“不是都说市场饱和了吗？赶快别选那个了！”

“喂！葱头！你以后想念什么专业啊？这也太难为人了，选自己喜欢的吧，爸妈说冷门；选个热门的吧，也不知道几年后，就业形势是不是还会这么热？愁死了……愁得我现在都开始冒热汗了！”花花说话总是爱进行奇怪的联想。

“是啊！我也不知道将来学什么专业好呢。可是这就要文理分科了，总不能先分科，后考虑以后的专业吧？那万一我想学的专业不能报就惨了！这个一定得先定！”葱头的声音总是十分具有特色，尖利而单薄，分明是一个女孩却总是有厚厚的男生的声音，让人一听就能听出来。

就要文理分科了。这些天一到课间，大家几乎把所有的课余时间都用在讨论将来选什么专业的问题上。不过，由于大家大多对各个专业并不了解，也不知道要如何去了解，所以，答案依旧没有，问题仍在讨论。

【妈妈给女儿的悄悄话】

专业的选择是件很重要的事情。在专业的选择上，究竟什么才是最适合自己的呢？妈妈认为：选择自己喜欢的专业，才是最适合自己的。

因为很大的可能，你选择了一门专业后，以后的学习也好，生活也好，工作也好，都与你的专业紧紧连在一起。试想，如果一个人选了自己不喜欢的专业，不管他当初出于什么初衷：大家说是热门专业也好，老师说是容易上的专业也好，还是父母说会有稳定工作的专业也好，最后要面对这个专业的不是别人，而是正在从事专业本身的你。天天与那个专业打交道，却发现每天都觉得那么讨厌，这日子还怎么过？恐怕只有得过且过了。

所以专业的选择就显得尤为重要。要是能一次选好永不后悔，无疑是再好不过的。

那么怎样才能最大限度地确保一次就选好呢？

首先要确定人生目标，多问自己几个“什么”？比如，你究竟想成为什么样的人？你想要过什么样的生活？你能为你的目标做些什么？

在问了若干个这样的“什么”之后，接下来容易理清思路了。你需要做的事就是想尽一切能想到的办法了解将要选择的专业究竟学的是什么，你对它是不是真的感兴趣，它是不是真能帮你解决之前问到的几个“什么”，比如，学了之后是否能获得关于以后想做的工作的知识和能力等等。

那么有什么办法或者渠道了解到那些想选的专业呢？

第一，可以上网搜索。举例说，你只要输入专业名称，然后点击“百度百科”，就很容易知道你要学的专业将开设什么课程，学的大致内容和方向是什么。

第二，问父母。父母永远是我们随时可以寻求帮助的老师之一。如果父母博学多闻，征求父母的意见无疑是最安全可靠的，但是，也不排除父母对我们想要学的专业知之甚少，或者根本不知道的情况，这个时候，或许要倒过来，和父母好好沟通，把你想学的专业究竟是什么和他们说说，并说说自己的打算，只要不是太离谱，父母都会支持的。这可是一种可观的精神支持力量哦。

第三，问学长或者学姐。能找到正在念这个专业的前辈，听听他们的看法和可观评价，当然是最好不过的了，他们兴许还能提供专业方面的意见呢。

第四，问亲朋好友。当然是对这个专业有所了解的亲朋好友，如果有从事这个专业工作的，那更好了。

第五，问老师。老师也不是随便逮着哪个就问哪个，选择有经验的老师来问，相对比较好。因为有些老师带过很多毕业生，那些毕业生可能在各个不同的专业学习，或者不同的领域就业，他们会和这些老师有联系，有沟通。不过，很多情况下，聪明的老师不会给你明确的选择，而只会给你参考意见。能给出比较好的参考意见的老师，就已经很不错了。

……

总的来说，千万不能稀里糊涂，随波逐流，看见大家选什么，自己也跟着选什么，或者大家不选什么，自己偏选什么。理性地思考很重要。

我们的人生我们做主。既然这样，何不从专业选择开始就理性做主呢？

不爱听老师讲课怎么办

“这次一定要在老师讲了10分钟后再睡觉！”看着讲台上嘴巴一张一合的化学老师，我在心里暗暗下定决心——他才讲了5分钟不到，睡眠又开始向我袭来。

如果说人会睡眠，是因为有与耳膜频率共振的外界声音的话，那么可怜的化学老师的声音可能刚刚好与我的“耳膜睡眠频率”产生共振——也就是他们可能在同样的时间内有一样的振动次数。不然，为什么每次他一讲课，我就想睡觉，听不进去呢？

我都对自己无语了。

化学课，并不是我讨厌的课。可是那并不意味着，化学老师也不是我讨厌的老师。

也不知道什么原因讨厌他。他也不像英语老师，看见成绩好的学生就笑眯眯，看见成绩差的学生就板着脸，他对大家一视同仁，所以，在这方面，我没有理由讨厌他。他也不像数学老师，动不动就莫名其妙、毫无准备地点名让你上去解数学题，而且还好像知道你哪道题不会似的，专挑你不会的让你解，然后当众让你出丑——拿着粉笔在台上下不了台——可怜的花花就是像我这样描述数学老师的；他也不像语文老师，总让大家分男女两组，比赛谁读得好，幼稚得和小学生一样——葱头这样形容英语老师，我知道，她不喜欢语文老师的课。

我想了好久，到底为什么不喜欢化学老师呢？没有原因，好像。这真悲哀，不喜欢的原因都找不着。不喜欢就是不喜欢，要怎么办？

关键是，要是一直这样下去，我的化学肯定挂了——以后我还想学理科呢！化学可是理科的科目之一啊！

决不能让化学拖了我的后腿！

【妈妈给女儿的悄悄话】

就像你说的，你并不讨厌化学，而是不喜欢上化学课的老师。可是这还不是全部的事实，全部的事实是：继续这样下去，终有一天连化学都不会被你喜欢的。

每个人在漫长的一生求学生涯中都会遇到这样或那样的老师，他们的性格气质、为人处事、教学的风格等等不可能是每个学生都喜欢的，因此，大家都可能遇到自己不喜欢的老师。但是怎样才能不让这种对老师的不喜欢不影响到自己的学业呢。

妈妈要你记住一句话：永远想到绝大多数的老师是一心一意为学生好的。没有哪个老师希望自己被学生讨厌，也没有哪个老师不希望自己的所有学生都能学好自己教的课程。就像花花，数学老师每次都爱叫她上去解数学应用题，而且好像还专挑她不会的，和她作对似的。其实不然，这也许是巧合，老师挑到的题刚好是花花不会的，花花不应该把数学老师想象成自己的敌对方，不妨用另一种思维：老师叫我上去做题，我没做出来，这不但不丢人，反而正好显示了自己薄弱的地方，以后努力弄清楚这个问题不就好了？而且在大家面前没做出来，虽然觉得丢人，有压力，但不妨把这种压力当成动力：大家都看到我这道题不会做，我一定私下学会了怎么解题，下次让大家见证我在进步！这样想，又有什么不好呢?

永远记住：没有哪个老师会特意去为难你。如果你有这种错觉，那么学好那门功课，成绩好到让教那门功课的老师对你加以特别注意。

语文老师让大家分组比赛，只是一种手段，希望能引起大家好胜的心理，学好语文。我们在做一件事的时候，总想比别人做得更好，这是人之常情，语文老师正是考虑到这点人之常情来做的。葱头完全没必要认为这是幼稚的做法，是小学生才做的事。如果一个方法很好，可以用一辈子的。因此，葱头也没必要因为这个不喜欢语文老师。这种情绪堆积久了，会影响对语文的喜爱，最终影响的是自己的学业。

简单点说就是，不要去讨厌你的老师，没有什么用，到最后只会影响自己的学习，除此之外，没有任何别的用处。老师不会因为你的不喜欢而不在学校继续工作，他/她会每月领同样的工资和奖金。

你可以想想老师的好：比如，老师十分辛苦，每次都认真备课，课后看全班同学的作业，批改试卷，找出大家不懂的地方，重点讲解……

如果这样，还是不行，那么，你不要注意老师，只要是你喜欢的课就要认真地去学习。

因为学习的好坏，最终还是取决于你自己，而不是老师。

在最佳时间提高学习效率

“同学们，请大家安静一下，我有话要讲！”同学们正在热闹地早读，班主任张老师突然说。

“今天早上大家都来得很早，并且来了之后能就认真地读书。说明大家的很有上进心。可是……”张老师说到这，顿了一顿，知道她的重要观点一般都出现在“可是”这样的转折之后，班上的同学都停下来，齐刷刷地看着张老师，“我好像发现有学生在早读的时间做数学题。”

“谁啊？”“谁啊？”

大家都开始左右乱看。

“你们别问了，也别看了。做数学题的那位同学刚刚经过我的提醒，已经把练习册收起来了。老师也不会说出他/她的名字的。老师也不是要针对某个同学，批评更不是老师的目的。只是，我想提醒大家的是，不同的时间应该学不同的东西。比如，早上，就比较适合大声朗读。我们要善于抓住最佳时间，来学最容易学到的东西，这样才能获得最高的学习效率。不光是早读，最近，我还发现，有些同学上甲课做乙事，这都是很不好的。希望大家以后引起注意。好了，继续读书吧。”

教室里静了那么半分钟，又开始琅琅书声。

【妈妈给女儿的悄悄话】

张老师说得很对。在学习中，确实有个最佳时间的问题。就好像我们晚上要睡觉、白天要工作一样，做什么事情都有它的最佳时间。学习也不例外。

大家的学习时间是宝贵而有限的。那么什么才算是这些宝贵又有现的中的最佳的时间呢？到什么时候做什么事，这就是最佳时间。

一个人应该要有计划地好好安排自己的学习时间，具体来说，可以这样做：

第一，老师讲课的45分钟要全神贯注，不要开小差，或者用来埋头做自己想做的题目，这样只会得不偿失。很多同学分不清主次轻重，老师在上面讲课，他在下面一会儿翻书了，一会儿做题了，看上去很认真的样子，可是学习效果不见得好。

为什么呢？因为他没有抓住听课的最佳时间。

也许老师讲的东西你觉得太简单，或者已经知道了，但是就没必要听了吗？妈妈的观点是：未必。老师要讲一堂45分钟的课时，备课的工作量往往超过90分钟，那就意味着，很多东西在老师那里讲出来已经是被挑出来的精华的部分了，在这每句话后面都有一定的背景知识在做支撑。

也许你做了预习，看懂了教科书，但你不见得也看到了老师那些背后的背景知识。而且在课堂上，老师可能随时会提问，这会引发大家的积极思考，从而对所学的东西思考得更深入，理解得更透彻，如果你埋头去做自己的事情，那么就可能错过这些更深邃的东西。该老师讲学生听的时候，就应该带个耳朵，用心地听讲。

课堂45分钟的听课，如果能够保证吃透老师讲解的基础知识，弄懂自己的疑问所在，就算是高效率，好过你自己课后花90分钟或者更多时间去冥思苦想。

第二，找自己学习的最适时间点。比如你要背诵一个材料，你可以通过平时的观察，看看自己是属于哪种类型。如果你早晨背东西快就选择在早晨背诵，如果晚上记东西记得牢，不妨晚上睡觉前试着记一些要记的东西。

最适时间点还包括学习时间的长短。有些人学习的注意力可能是3个小时，有些则可能有6个甚至7个小时，但是一般人的最适合学习的时间长度不会超过5个小时。所以，过度学习，也可能造成疲劳效应，得不到学习的高效率。

最后，不管是什么时间学习，下面这些事，在学习的时候最好别做：

1.边学边想别的事。

2.学一下，吃点东西，上上厕所，或者找找东西。

3.一边聊天一边学习，或者一边写信一边学习。

4.在笔记本上乱写乱画。

5.学一下，睡一会儿。

6.边听音乐边学习。

最佳的时间，应该心无旁骛，专心学习，这样，才能有高效率的学习。

别忘给大脑做做体操

最近课间休息时，大家似乎都不抓紧那十分钟努力做题了，而是听音乐的听音乐，下棋的下棋，有的同学还拿出课外读物。

更奇怪的是，今天上午英语老师下课还放起了英语歌曲！

一向分秒必争的葱头忍不住放下笔，问我："果果，你在干吗呢？"

"我没干吗，在发呆呢。"

"发呆？为什么不利用发呆的时间记记英语单词。"葱头看着我奇怪地问。

"不能总是学习吧？这叫给大脑做体操。"我回答道，"你没听见老师都在课间放音乐了吗？"

"我说吗，怎么最近大家下课了就在教室里弄得闹哄哄的，原来在做什么大脑体操。"葱头恍然大悟地说。

"那大脑体操都是什么，怎么做啊？"过了大约半分钟，葱头终于放下面子，决定一问到底了。

【妈妈给女儿的悄悄话】

给大脑做做体操。说得更简单点，就是更合理地使用自己的头脑，不要给它施加太大的压力。合理地学习的同时，也合理地休息。

据加州大学洛杉矶分校记忆门诊与老化中心主任斯默尔在所著《让大脑变年轻》报道，预防大脑加速老化，总比想办法修补受损脑细胞容易，对抗大脑老化永远不嫌迟也不会太早。

那么怎样才能延缓大脑老化呢？与其迷信神奇的聪明药，或花大把银子去上大脑补习班，不如试试以下7种在生活中可以简单实践的大脑体操，培养健康生活模式。让自己的大脑更灵光！

第一，玩出创造力。即使是初学者，面对需要动脑思考、判断、布局的游戏（如桥牌、西洋棋、象棋），每一步都能想出10种以上的玩法。纽约市爱因斯坦医学院一项21年的研究发现，每星期至少玩一次游戏（如西洋棋、桥牌等）的老年人，比不玩游戏的老年人减少50%罹患老年痴呆症的机会。

下课时可以玩一些简单的游戏，比如在多余的空白作业本上画画五子棋。但是上课铃声一响，必须把游戏收起来，同时把玩游戏的心也收起来。

第二，培养急速反应能力。乔治·华盛顿大学神经学教授瑞司塔克建议工作空当时玩丢纸团游戏：背对垃圾桶约六英尺处，手拿纸团快速转身将纸团丢进垃圾桶。如果允许，可以和同学玩玩转身后迅速出“剪刀石头布”的游戏。

第三，生活里创造新的经验。一成不变的生活方式会扼杀脑力。杜克大学脑神经生物学家凯兹在《让你大脑new一下》中鼓励人们破除生活惯例，创造新经验。例如挑选全新的路线上班上学，搜寻新路上有什么声音、哪种味道、哪种风景；每天到不同的餐馆吃饭尝新滋味等等，让感官经验多元。

但妈妈不建议随意改变上课路线，因为万一因某些原因导致上课迟到就得不偿失了。时间充裕的话，可以观察路边的风景或看看飞过的小鸟。

第四，用音乐放松心情。一些实验表明，音乐对大脑还是有积极的作用的。尤其在人感到疲倦的时候，听听轻柔的音乐，常常会使大脑得到一定程度的放松和休息。不过，如果太累了，最好的方式还是睡一觉。

第五，阅读。阅读是一种全脑活动。阅读时带动视觉皮质，手要翻书，眼睛要动，书本上的字转成音、音储存到前脑变成意，阅读提升智能。每读一个字就会激发相关的字，因此也可以提升创造力和想象力。所以上完一节数理化课，可以拿出英语或语文书来读读。

第六，运动。运动能让大脑年轻。运动会刺激天然抗忧郁荷尔蒙脑内啡的释放，减轻压力。有氧运动则会促进身体新陈代谢。伊利诺大学脑神经科学家克空比建议，每天15分钟的快走就能保持良好体能状态，并减缓脑神经细胞流失速度。所以，现在我们学校，每到第二节课都要求大家到操场上去做广播体操，这也是给大家的大脑做体操。

第七，留白思考。大脑体操不是让大脑累到不行。麻省的威廉斯学院心理学教授所罗门说，压力将使你无法集中注意力，大脑记忆能力也降低。因此，专家建议，工作再忙每天都记得留白半小时到一小时时间，整理思绪，静坐、冥想都是抒压的好方法。其实说白了，就是我们常说的发呆，什么也不想。

总之，不管用什么方法，学习都要劳逸结合，要学会生活，善待自己。什么时候你学会生活了，那么你才可能真正明白了学习的内涵所在。

有诗意的女孩更会读书

这一周学校开展了“读书月”活动，每个同学都要在一个月之内读几本好书，要不然的话怎么可以叫“读书月”呢？可是关于读什么书，同学们有各自不同的想法。

媛媛喜欢读科幻小说，于是她决定在一个月之内，看完两本科幻小说。

葱头平时就喜欢在家里摆弄电脑，于是她决定在这个月要看一些关于计算机硬件的书。

花花喜欢看漫画，这个月她可高兴了，因为她可以借此机会看许多的漫画书。

多多和她们相比，要深沉许多，因为她平时很少能看世界名著，所以打算用一个月的时间看看《浮士德》。

不同的书是否就给人以不同的人生航向，多多想这二者之间应该多少是有联系的吧。因为不久学校做了一个关于同学理想的调查，结果是这样的：

媛媛将来也想写一部科幻小说；

葱头将来立志要当工程师；

花花想自己画一本漫画出版，同时想参加签名售书活动；

多多将来很想在文学领域有所作为。

看啊！她们的理想，竟然和自己喜欢看的书有着这么贴切的联系。

【妈妈给女儿的悄悄话】

美国著名作家杰克·伦敦在19岁以前，还从来没有进过中学。但他非常勤奋，十分热爱读书，最终通过不懈努力，使自己从一个小混混成长为一代文学巨匠。

杰克·伦敦的童年生活充满了贫困与艰难，他整天像发了疯一样跟着一群恶棍在旧金山海湾附近游荡。说起学校，他不屑一顾，并把大部分的时间都花在偷盗等勾当上。不过有一天，他漫不经心地走进一家公共图书馆，开始读起名著《鲁滨孙漂流记》，他看得如痴如醉，并深受感动。在看这本书时饥肠辘辘的他，竟然舍不得中途停下来回家吃饭。这时候他才发现原来自己那么喜欢文学，于是他决心要当一名文学家。

从这以后，一种酷爱读书的情绪便不可抑制地左右了他。一天中，他读书的时间达到了10～15个小时，从荷马到莎士比亚，从赫伯特斯宾基到马克思等人的所有著作，他都如饥似渴地读着。19岁时，他决定停止以前靠体力劳动吃饭的生涯，改成以脑力谋生。他厌倦了流浪的生活，他不愿再挨警察无情的拳头，他也不甘心让铁路的工头用灯按自己的脑袋。

于是，就在19岁时，他进入加利福尼亚州的奥克德中学。他不分昼夜地用功，从来就没有好好睡过一觉。天道酬勤，他也因此有了显著的进步，只用了三个月的时间就把四年的课程念完了，通过考试后，他进入了加州大学。

他一直渴望成为一名伟大的作家，在这一雄心的驱使下，他一遍又一遍地读《金银岛》《双城记》等书，之后就拼命地写作。到1903年，他已经有6部长篇以及125篇短篇小说问世。他成了美国文艺界最为知名的人物之一。

杰克·伦敦的经历一点都不让我们感到惊讶，是阅读改变了他的人生航向，让他重新发现了自己的人生追求。

哈佛的教授总是这样告诫自己的学生：知识爆炸的年代需要我们每个人学习的东西越来越多，社会知识量的急剧增长也要求我们多读书、多学习，在阅读中把握人生的航向。

读书，可以让我们了解世界，看清自己的未来。通过读书，我们更能正确地把握人生的航向。也许每一个人所需要的书不一样，但人们在阅读中受到的知识熏陶是一样的。读书不一定能改变人生的长度，但它一定可以改变我们对待生命的态度。

人非生而知之、生而能之，知识都是通过不断学习获得的。就算一个天才，他也要通过不断学习、不断读书来充实自己。

那么，正处在学知识的重要阶段的青春期女孩们，更要充分珍惜自己读书的权利，广泛涉猎各方面的知识，这样不仅能开阔自己的视野，还能够为自己的人生导航。

Chapter6

阳光女孩，好心态成就好人生

——说给积极乐观的你

心态决定性格，性格决定命运。青春期，你的身体日渐发育成熟，随之而来的心理上也会出现诸如敏感、多疑、自闭、冲动、任性、好胜、自卑，等等情绪。这都是青春期的正常现象。

女儿，你一定要记住：只要内心充满阳光，就能驱散一切阴霾。在人生道路上不仅有鲜花和掌声，也有坎坷和泥泞，你必须在正视自己的同时练就阳光般的心智和坚韧的气质，来应对人生的挑战。只要内心强大，你就能所向披靡。

将快乐变成一种习惯

妈妈从花市买来了三株蝴蝶兰，很是好看。沙沙和妈妈都很喜欢。

这天妈妈有事要出去，临走时吩咐沙沙说："沙沙，听天气预报说今天会有阵雨。如果变天了，刮风下雨的话，你要记得把阳台外面的那几棵蝴蝶兰拿到屋里来。"

"好的，没问题。"沙沙信誓旦旦地向妈妈保证。

妈妈走后，屋里只剩下沙沙一个人了。她安安静静地在屋里面写作业。以至于外面刮起狂风居然毫无察觉。当她算好了一道题目，伸个懒腰时突然发现天阴沉沉的，要下一场大雨的样子。

"蝴蝶兰。"沙沙的第一反应就是去阳台外面，可是当她跑过去的时候，发现那盆花已经没有了踪影。哪去了呢？沙沙站在阳台上往下张望，已经被风卷到楼下，摔个粉身碎骨。

晚上妈妈回到家，沙沙把事情原原本本地向妈妈交代了，并做好了挨批评的准备。

"掉到楼下去了，没有砸到别人吧？"妈妈很关切地问。

"那倒没有，就是花都碎了。"沙沙小声说。

"以后记得小心啊，反正也已经摔坏了，算了吧。"

"妈妈，你不生气吗？"沙沙试探着问。

"我怎么会生气，我们买花是为了观赏，为了陶冶心情的。为什么要因为它生气呢？只是你今后做事要小心，知道吗？”妈妈安慰道。

“嗯，以后我一定保证把花照看好。”

【妈妈给女儿的悄悄话】

很多人经常对已经发生的事情追悔莫及，这其实是一种很正常的现象，人多多少少都会有这样的体验。

从某种角度上来看，这未尝不是一件好事，你可以从中吸取经验教训，避免下次重复出错，但不能一味地追悔感伤，沉浸于此。事情已经发生，局面已经形成，再也无法挽回，你应该学会放下过去，这样才能重新开始。

安东尼·罗宾就经常以愉快的方式来结束每一天。他告诫我们说：“时光一去不返。每天都应尽力做完该做的事。疏忽和荒唐事在所难免，尽快忘掉它们。明天将是新的一天，应当重新开始，振作精神，不要使过去的错误成为未来的包袱。以悔恨来结束一天，实在是不明智之举。”

罗宾鼓励我们做一个关门的人，就好像英国前首相的劳合·乔治一样。

乔治有一天和朋友在散步，每经过一扇门，他便把门关上。朋友疑惑地说：“你没必要把这些门关上。”乔治却说：“哦，当然有必要。我这一生都在关我身后的门，你知道，这是必须做的事。当你关门时，也将过去的一切留在后面。然后，你又可以重新开始。”

你想成为一个快乐的人吗？其中最重要的一点就是要学会将过去的错误、罪恶、过失全部忘记，然后坚定地向前看。只有忘记过去的事，努力向着未来的目标前进，才能使自己不断走向辉煌。

有位企业家做了一个错误的决定，这个决定让他蒙受了巨大的损失。在这之后，他拒绝承认自己的失误，拒绝接受不可避免的事实，结果，他失眠了好几夜，痛苦不堪，但问题一点也没解决。更严重的是，这件事还让他想起了以前很多细小的挫败，他在灰心失望中折磨自己。这种自虐的情形竟然持续了一年，直到他向一位心理专家求救后，才彻底从痛苦中解脱出来。

事实上，如果我们研究一下那些著名的企业家或政治家，就会发现，他们大多都能接受那些不可避免的事实，让自己保持平和的心态，过一种无忧无虑的生活。否则，他们中的大部分人被巨大的压力压垮。

道理很简单：当我们不再反抗那些不可避免的事实之后，我们就能节省下精力，去创造一个更加丰富的生活。如果你的内心为此不断痛苦和挣扎，就仿佛在拧麻花，两股力量互不相让，那最终深陷泥沼的只有你自己。要知道你只能在两者中间选择其一：可以选择接受不可避免的错误和失败，并抛下它们往前走；也可以选择抗拒它们，变得更加苦恼。

当然，你可以尝试着不去接受那些不可避免的挫败，但这样势必使人产生一连串的焦虑、矛盾、痛苦、急躁和紧张，你会因此整天神经兮兮、不知所终。

有一句古老的犹太格言这样说："对必然之事，轻快地加以接受。"在今天这个充满紧张、忧虑的世界，忙碌的你应该非常需要这句话。

所以，请接受不可避免的事实吧，然后以一种乐观的态度轻松地生活下去！

健康是你最好的储蓄

时针已经指向了午夜十二点钟，可是小丽的作业还没有写完。这时妈妈推开了小丽的房门。

“小丽，已经这么晚了，你怎么还不睡觉呢？”

“妈妈，我的作业还没有写完。”小丽只好如实回答。

“白天还看到你一直在玩啊，我以为你的作业都已经写完了啊。”妈妈很诧异地问，“看看你啊，白天不抓紧时间学习，深更半夜的努力起来。”

“没事，我就熬夜一小会儿，写完之后就睡觉。”小丽跟妈妈解释道。

“可是小丽，你知道熬夜的坏处吗？”妈妈说，“你生病的时候有多难受，你都忘了吗？现在你年纪小，也许认识不到健康的重要性。平时的生活中也需要多注意才行啊。”

妈妈的一片好心，小丽不想辜负，心想：以后我要多注意健康、合理作息才行，以免让父母担心。

【妈妈给女儿的悄悄话】

很少有人能够彻底明白健康对于一个人的重要性，于是在身体健康的时候不停地挥霍健康，而等到身体出现不适的时候才追悔叹息。

一个人无论做什么事，身体健康永远都是最基本也最重要的前提。在人生的路上，需要你每天都能以精力饱满的身体去应对一切。尤其是对一些重大的事情，更需要你付出你的全部力量才能成功。如果你发挥出你的一小部分能力进行学习或做事，那一定是干不好的。你应该用你旺盛的斗志以及健康的身体投入，但倘若你因生活不知谨慎而造成精疲力竭，那么再去学习和做事时，你的效率自然要大减。在这种情形之下，成功是难以得到的。

这就如同一架机器，在毫无故障的情况下，自然可以正常运行，但倘若出现破损或其他故障，便会严重地影响做事效率。

“我为什么就做不到呢？我并不笨啊！” 你清楚地知道自己绝对有这个实力，于是你下定决心一定要考取第一名，并为之努力，甚至把休息的时间也用进去，可是你却发现这个目标对你而言还是难以达到，于是你为此感到非常困惑。

你认清了自己的实力，你也付出了努力，但结果却事与愿违，生活中这样的例子很多。很多人不是能力欠缺，也不是没有付出努力，也不是缺少机遇，他们的失败往往就集中在一点上，那就是体力不支。纵使意志再坚定，你糟糕的身体还是无法帮助你走向成功。事实证明，一个活力低微、精神衰弱、心理动摇、情绪波动的人，永远不能成就什么了不起的事业。这就像一匹有“千里之能”的骏马，倘若食不饱、力不足，那么在竞赛时恐怕也要败给最普通平常的马。

聪明的将军绝不会选择在军士疲乏、士气不振时，统率他们应付大敌。他一定要秣马厉兵，充足给养，然后才肯去参加大战。同样的道理，如果想在我们人生的这场战役中取得胜利，你能否保重身体，能否保持你的身体于“良好”的状态。因为，一个具有一分本领的体力旺盛的人，可以胜过一个体力衰弱有十分本领的人。

健康的体魄可以增强人们各部分机能的力量，而使其效率、成就较之体力衰弱的时候大大增加，也使人在学习和工作上处处取得成效、得到帮助。

所以，凡是有志成功、有志上进的人，都应该爱惜、保护体力与精力，而不使其有稍许浪费于不必要的地方，因为体力、精力的浪费，都将可能减少我们成功的可能性。

生活中有很多有志于成就大事的人，却因没有强健的体魄为后盾，而导致壮志未酬身先死。然而世间又另有大批的人，有着强壮的身体却不知珍惜，任意浪费在无意义、无益处的地方，而摧毁了珍贵的“成功资本”。

美国总是罗斯福曾说：“我从小就是一个体弱多病的孩子。但我后来要决意恢复我的健康，我立志要变得强健无病，并竭尽全力来做到这点。”倘若罗斯福不对身体加以注意与补救，他的一生，恐怕很难像现在如此辉煌了吧？

也许你会说即便拥有健康的身体也并不等于拥有所有，诚然，但是如果你失去了健康，那却意味着你失去了所有，因为健康始终是一个人最必需的，所以，从现在开始牢牢地守护你的健康，不要等到它溜走了你才追悔感伤。挑战，不仅仅要挑战智力、情商，还有健康。

缺陷有时也是一种优势

这天，小华在英语杂志上翻到了一个不认识的生词，就问妈妈："perfect是什么意思？"

"去问问你的无声老师吧。"妈妈笑着说。

小华明白了妈妈的意思，于是翻开了桌上的那本《牛津英语大词典》，对着客厅里的妈妈说："找到了，是完美的意思。"小华心想：我从来都没有看到过什么真正完美的事物，生活中任何事情都不像我们想象中的那样尽如人意。

妈妈想了想说："完美是一种美好的东西，有了它，那些知道自己有缺点的人会感到惭愧，也会更加努力，以使自己成为一个完美的人。但是在生活中的完美是不存在的，人的世界中本来就有诸多的缺憾，不完美才是完美，太完美了就是缺陷。"

妈妈还给小华讲了一个故事：

从前有一个圆，被弄掉了一个边，它总想找到那个小边，好让自己变成一个完美的圆。可是，由于它的不完整而滚动得非常慢，也因而领略了沿途鲜花的美丽，它和虫子们聊天，它充分享受阳光的温暖。它找到许多不同的碎片，但都不是原来那一块。

它坚持着找寻……直到有一天，它实现了自己的愿望。然而，成了一个圆以后，它滚得太快了，错过了花开的时节，忽略了虫鸣……当它意识到这一切时，它毅然放弃了历尽千辛万苦找回来的碎片。

当听妈妈讲到这里时，小华若有所悟："妈妈，生活中很难有完美存在，我也应该学着来接受这个不完美的世界和生活。而我，也并不是完美的，我也一定会有自己的缺陷和弱势，这是自然的必然，对吗？"

"是啊，小华。"妈妈很赞同地说，"所以，不可以为了追求完美而浪费了大好时光，顺其自然原本不是坏事。"

【妈妈给女儿的悄悄话】

“我个子那么矮，以后只能穿高跟鞋了！”

“就像放风筝，家境好的人一出生就等于站在了楼顶，而我只能站在楼底，这样他们的风筝一开始就飞得比我高！”

“我的声音一点都不像女孩子的声音，别人的声音都是柔柔的，而我的声音很沙哑，像是风吹过树叶的声音，沙沙的。”

也许你为相貌、身高抱怨过，为家庭条件、学习环境发过牢骚，但只要你乐观、积极、充满智慧地去面对，就能扭转自己的人生劣势，出奇制胜。

其实，有时劣势和缺点不一定是件坏事，如果引导得好，就会转化为优点。把自己弱的部分转化为优势，对任何人都非常重要。

李小龙曾在海外华人中声誉很高，但很少有人知道李小龙练武本来是有先天缺陷的。

他是近视眼，必须戴着隐形眼镜。

对此，李小龙坦诚地说：“从小我就近视，所以我从咏春拳学起，因为它最适合进行贴身格斗。”

美国总统罗斯福天生长了一张难看的大嘴，嘴唇又厚又黑，牙齿也极不整齐。后来有人精心为其制作了一个大烟斗，每次讲演时，他都将那个大烟斗轻轻托于嘴旁，这不仅遮掩了他那张大嘴的难堪，而且使他那别具一格的演讲家气质显得更加动人潇洒。

周总理也是一位很会利用缺陷的人。战争年代，他的右臂不幸负了伤，伤愈后难以伸直。以后他顺其自然，每每出入于社交场合，他总是把右臂轻轻放在胸前，形成他一种特有的不失风雅的习惯姿势。

这对我们是一个很好的启发，从他们那里我们可以学到如何化不利为有利，走向成功。

格兰恩·卡宁汉自小双腿因烧伤无法走路，但是他却成为奥运会历史上长跑最快的选手之一。他认为，一个运动员的成功，85%靠的是信心及积极的思想。换句话说，你要坚信自己可以达到目标。他说："你必须在三个不同的层次上去努力，即生理、心理与精神。其中精神层次最能帮助你，我不相信天下有办不到的事。"

所以，我们要拥有积极的心态，这样就能使一个人将自己的弱点转化为优势。你可以根据下列步骤，把自己的弱点转化为优点。

1. 孤立弱点，将它研究透彻，然后设计一个计划加以克服。

2. 详细列出你期望达到的目标。

3. 想象将你自己的弱势变成强势的景象。

4. 立即开始，努力成为你希望成为的强人。

5. 在你的最弱之处，采取最强的步骤。

6. 请求他人的帮助。

不要被欲望牵着走

那天，朵朵和豆豆一起经过了一处漂亮的郊外小区，看到那里盖的豪华的小楼，不禁满心欢喜。

"真好看啊。"豆豆不由得发自内心赞叹起来。

"不知道住在这里面的，都是些什么人呢？"朵朵也觉得很好奇。

“朵朵，将来你想住这样的大房子吗？” 豆豆笑着问。

“其实住也行，不住也没有什么关系的，无所谓。只要活着高高兴兴的，就行了。”

“是啊，要想买到这里的房子，要赚很多钱才行。为了赚钱去疲于奔命，现在想起来实在是有点辛苦了。”

“嗯。”豆豆的话让朵朵想起了孔夫子说的那句经典名言：饭蔬食，饮水，曲肱而枕之，乐亦在其中。不义而富且贵，于我如浮云。

【妈妈给女儿的悄悄话】

人类最容易在荣誉与财富两个方面和别人攀比。有这样一个故事，你看看故事里的主人公是如何处理的。

当一位朋友发现居里夫人的小女儿手里正在玩的是英国皇家科学院最近授予居里夫人的一枚金质奖章时，他不禁大吃一惊，忙问：“居里夫人，能够得到一枚英国皇家科学院颁发的奖章是极高的荣誉，你怎么能让孩子随便拿着玩呢？”

居里夫人说：“荣誉就是玩具，只能看看而已，绝不能永远守着它，否则就将一事无成。”

真正追求成功的人把眼前取得的成就看作是对过去的一个总结。

爱好虚荣的人在与周围各种各样的人的接触中，非常注意人们对自己的态度，喜欢想象他们对自己的评价，并以此作为一种客观标准而内化到自己的心理结构中去，在这个基础上形成自我形象，达到自我认识。也就是说，他们对自己的形象的建立和认识，常常在与他人的接触、想象他人对自己的判断和评价中形成。这种自我认识的方式，在一定程度上有利于深入认识自己，但是无形之中就给自己带来了巨大的压力，这是一种不良的习惯。

有对中年夫妇，妻子整天为缺少财富而忧郁不乐，他们需要很多很多的钱。有了钱才能买房子，买家具家电，才能吃好的穿好的……可是他们的钱太少了，少得只够维持最基本的日常开支。

她的丈夫却是个很乐观的人。丈夫不断寻找机会开导妻子。

有一天，他们去医院看望一个朋友。朋友说，他的病是累出来的，常常为了挣钱不吃饭不睡觉。回到家里，丈夫就问妻子："下次如给你钱，但同时让你跟他一样躺在医院里，你要不要？"妻子想了想，说："不要。"

过了几天，他们去郊外散步。他们经过的路边有一幢漂亮的别墅。从别墅里走出来一对白发苍苍的老者。丈夫又问妻子："假如现在就让你住上这样的别墅，同时变得跟他们一样老，你愿意不愿意？"妻子不假思索地回答："我才不愿意呢。"

不要去和别人攀比，别人拥有的你不一定拥有，但你有的别人也不一定拥有。

现在的生活水平提高了，可能就在你的同学当中也就出现了不少和别人攀比的现象，果果，请你一定要摒弃这种恶习，认真地对待这种攀比心理，明辨是非，培养平常心态，把注意力放在学习上，放在与同学发展良好的关系上。

1.抑制我们的物欲。

物欲是什么？物欲是人生存环境中的一大障碍。中国古代思想家老子说："祸莫大于不知足，咎莫大于欲得。"富人希望自己的钱更多，穷人希望自己口袋里也有钱。当人的物欲没有节制时，就会引出麻烦和祸害。一切脱离实际的欲望，都是生命的不幸。如果为了攀比，自己又没有能力实现，就会心态失衡，嫉妒怨恨，心里难受；如果心态失衡，胆子又大，敢闯"红灯"，那就是祸。钻进深渊最终会导致咎由自取的下场。不过，许多懂得珍惜生命的人则不会让自己引出麻烦，而是引出快乐。

2.保持一颗平常心。

中国古代的"福为祸所存，祸为福所倚"的福祸论，讲述了世间有一个自然法则：有得必有失，有失必有得。老子的"曲则全，枉则直，洼则盈，敝则新，少则得，多则惑"，讲述了委曲可以求全，弯曲可以伸展，低洼可以充盈，敝旧可以生新，少取其实多得，贪多引出惑乱的哲理。因此，处于不利地位其实也有好的一面，我们完全没有必要自卑。保持一颗平常心，尽自己的力去做自己的事才是我们要关注的。

感谢生活的挫折和磨难

从游乐园回来已经快晚上了，红红和爸爸妈妈都沉浸在欢乐之中，时不时地哈哈大笑起来。这时，爸爸的电话铃响了，原来是他老同学打来的。

挂了电话，妈妈问道："是什么事情啊？"爸爸说："是李军啊，他今年又要参加一次司法考试。"

"啊。"红红问爸爸，"李叔叔还要参加考试吗？他都已经考了两次了，还舍不得放弃啊。”

“是啊。”爸爸说道，“李叔叔其实很聪明的，但是这几次考试都不顺利。第一次是因为生病没有考上，第二次是因为单位出差耽误了复习没有考上，要不是这些原因估计他肯定能考上。”

“嗯。不过我挺佩服李叔叔的，面对挫折还不放弃，真坚持啊。”红红由衷地赞叹。

听了红红说的话，妈妈接着说：“人的一生总有可能会遇到下岗、失业、失恋、离婚、破产、疾病等等厄运，即使你比较幸运，没有遇到那么多不顺利的事情，你也要面临升学压力、生活压力等等各种各样的烦心事，这些事在人生的某一时期萦绕在你的周围，时时刻刻折磨着你的心灵，使你寝食难安。只有经受过这些磨难的人才能更快乐地成长，我们的生活也会在折磨中不断得到升华。”

听了妈妈的话，红红恍然大悟：“我知道了，一切事物如果想要变得更强，必须经过折磨，这样我们才会变得更加坚强，我们在承受压力和折磨的时候也会学到更多的知识。我也要像李军叔叔那样去挑战折磨我们的压力，争取做到最好。”

【妈妈给女儿的悄悄话】

其实，有许多奇迹都是在厄运中出现的，因为顺境使人们舒服，却也容易使人不再有所追求，因为顺境容易消磨斗志，从而平平常常，无法杰出；而逆境能磨炼坚强的意志，奋力拼搏，顽强奋进，也许能够使自己的能力得到超常发挥，获得更令人陶醉、令人神往的成就。

勇敢地面对困难，不达目的绝不罢休——史东就是这样的孩子，他的人生轨迹也是如此。

史东上中学时就开始试着去推销保险了。他来到一栋大楼前，当年贩卖报纸时的情况又出现在他眼前，他一边发抖，一边安慰自己：“如果你做了，没有损失，而可能有大的收获，那就下手去做。”还有“马上就做！”他走进大楼，如果他被踢出来，他准备像当年卖报纸被踢出餐馆一样，再试着进去。他没有被赐出来。每一间办公室，他都去了。他的脑海里一直想着：“马上就做！”每一次走出一间办公室，而没有收获的话，他就担心到下一个办公室会碰到钉子。不过，他毫不迟疑地强迫自己走进下一个办公室。他找到一项秘诀，就是立刻冲进下一个办公室，就没有时间感到害怕而放弃。那天，有两个人跟他买了保险。就推销数量来说，他是失败的，但在了解他自己和推销术方面，他有了极大的收获。第二天，他卖出了4份保险。第三天，6份。他的事业开始了。20岁的时候，史东自己设立了只有他一个人的保险经纪社，开业的第一天，他就在繁华的大街上销出了54份保险。有一天，他有个令人几乎不敢相信的纪录，122件。以一天8小时计算，每4分钟就成交一件。

1938年底，克里蒙·史东成了一名拥资过百万的富翁。

他说成功的秘诀是由于一项叫作“肯定人生观”的东西。他还说：“如果你以坚定的、乐观的态度面对艰苦，你反而能从其中找到好处。”

逆境客观上是一种不幸，实质上是弥足珍贵的财富。

对于一个人来说，摆脱痛苦的欲望比获得幸福的欲望会更强烈。在现实生活中，许多生活在边远山区、经济落后的农村的孩子，其刻苦学习的精神，远比一些生活在大城市里的富裕家庭中的孩子要强。究其原因，是因为他们看到农村的环境、生活条件要艰苦得多。他们强烈的要求变换自己的生活条件与生存环境。而在目前来说，实现这一目的的最可靠、最直接的办法，就是好好学习，争取考上大学。

从这种现象可以看出，痛苦、艰难，其本身虽然不是构成幸福的条件，但是，它是促使人们奋发努力的一种力量来源。人生有顺逆境之分，幸福的取得也有难易之分。但不管在怎样的条件下，都不应放弃对幸福的追求。

教你排解各方面的压力

再过几天期末考试就要开始了，尽管果果已经做好了充分的考前准备，可是她心里还是有点忐忑不安，总是担心还有什么地方没有复习到位。因为这次考试对她而言是非常重要的，学校会以这次考试的成绩作为分班的基本依据，爸爸妈妈也对她寄予厚望。

越是紧张，果果越是进入不了状态，她手里面虽然捧着课本，心里总是惦记着考试，担心如果万一考砸了，怎么办。

老妈看见果果心神不宁的样子，问道："你是在担心即将开始的考试吧。"

果果点点头，愁眉苦脸地说道："是呀，我很担心自己会考不好。我现在非常的紧张，要是这次考得不好，影响到我分班的分数就糟了。"

妈妈听果果这样一说，鼓励道："这没有什么可害怕的，只要把这次考试当作一次很普通的测验就好了，只要是尽自己最大的努力就行。我相信你能够发挥自己最大的水平，只要能够放下包袱，轻松上阵，以平常心来对待，一定可以发挥好的。知道吗？”

经过妈妈的鼓励，果果突然觉得轻松了很多，而且信心大增：这次考试，我相信自己一定行。

【妈妈给女儿的悄悄话】

你们所面对的压力，一般有来自学习上的、生活中的、社会的压力。那么，如何来排解这些压力呢？

1.排解来自学习上的压力。

（1）找出压力的原因。

导致学习上产生压力的因素是多种多样的，例如，学过的东西很快就忘，以至于怀疑自己“天生就不是学习的料”；上课时精力不集中；学过的知识无法条理化；考试成绩总是不理想；听了很多别人的学习经验，学习效率依然没有提高……

（2）用正确的心态去看待学习压力。

如果你真的把压力看成压力，把烦恼当成烦恼，那么，你离掉队的时刻也就不远了。有的人会因为承受不了这种压力，便自暴自弃，终日沉浸在苦恼的深渊，结果成绩如坐滑梯一样，越滑越低。而有些人则在压力的推动下，更加积极向上，勤奋刻苦，最终硕果累累。

（3）带着愉快的心情去学习。

真正的学习是快乐的。因此，你应该确立学习是快乐的信念，带着喜悦的期盼开始学习，而学习结束时应感到意犹未尽、恋恋不舍。快乐的学习能够使整个学习过程都变得津津有味，充满乐趣，让我们越学越想学，并乐此不疲。

（4）有规划地学习。

没有规划，这会导致大量的无效学习，并造成畏难情绪，进而生出种种烦恼。如果在学习上只有看到自己该学些什么，能学些什么，理出一条脉络来，那才可能做到有规划。

建议你可以按照系统学习法画出系统树，这样，对知识点就能够一目了然了。

（5）不断给予自己肯定和鼓励。

在学习时要把目光盯住那些积极的东西，要能够看到自己的进步，并认为，这就是自己的成功。

（6）劳逸结合。

绝不能一天到晚泡在书堆里，那样只会让自己头昏脑涨，压力也会更大。

2.排解来自生活的压力。

（1）拥有一颗平常心。

平静地看待身边之事，遇事不必大喜过望，也不要怨天尤人。人生中许多事都难以预料，你要做的就是以平常心待之，把握好每一天，才能迎来更美好的明天。

（2）多读好书，用知识开阔眼界。

很多时候，我们觉得自己“苦”，是因为对自己“关心”太多，却不曾想到世界上有很多人可能比我们还“苦”。能成大事者无一不是“吃得苦中苦，方为人上人”的。读书会让我们更理性地思考问题，在理性中成熟，在成熟中长大。

（3）学会冷静处事。

任何时候冲动都是做事的大敌，因为冲动就会导致凭感觉去做事，其后果往往是很难预料的。

（4）“苦”时要挺住。

在这个世界上生存，就意味着要遇到种种不如意之事，不论是父母的不理解、误会，还是人际关系的紧张，抑或是考试的失败甚至是面临种种“绝境”，所有的这些都会带给我们“苦涩”的味道。

生活中充满苦，因此，要学会吃一点苦。吃苦不仅可以使自己增加生存经验，而且还能得到进步。

你的忧虑 99% 都不会发生

木木从小就是个大大咧咧的女孩，可近来很长一段时间却多愁善感起来，变得更容易忧伤了。

一个人独处的时候，她会为树上的落叶忧伤，为渐渐长大的悲伤。木木在班上比较偏科，语文成绩很好，可是数理化的成绩却不理想，她经常觉得那些难懂的公式在和自己作对，为什么一定要算出那些美丽图形的周长和面积呢？为什么一定要画电路图，难道以后必须要去自己修电器吗？但她清楚地知道考试必须得考这些让人头疼的题目，如果不学的话，等待她的可能是爸爸妈妈的失望和责备。唉，为什么一定要考试呢？想到这里，木木竟忍不住悲伤起来。

其实，让木木难过的事情还远远不止这些，最近她发现爸爸似乎不喜欢我了。过去她有事没事总喜欢钻进老爸的怀里撒娇，可是现在她想和老爸撒娇时，爸爸却说，长大了就不能和他撒娇了。长大了不一样是爸爸的乖女儿吗？她觉得是爸爸不喜欢她了。现在，木木每天的心情都像阴天一样，总有想哭的冲动。

【妈妈给女儿的悄悄话】

“多愁善感”是一种不良情绪，这种无端的悲伤只会影响你的健康，对你将来的成长也是极为不利的。妈妈希望你能变得乐观一些，你要学会豁达和坚强。

人生并非总是一帆风顺，失败之时，挫折之事常有，面对失败、挫折，你不必扼腕叹息、怨天尤人，更不能灰心丧气，甚至是消沉堕落。而应以乐观坚强的心态去面对，在乐观中学会自强，把握自己，在坚强中学会思考，学会总结。你要善于发现自己的优势，看到自己的潜力，用坚强来锤炼自己的心灵，锻炼承受挫折的毅力和品质。这样，你的生命才具有金子般的质地与光华。

你一定听过杞人忧天的故事，生活中一直都存在很多像那个杞人一样的人。虽然这些人不再担心天是否会塌下来，但是他们也各有各的担忧，例如，有些孩子担心马上要到来的考试自己可能会通不过。有一些孩子可能会担心这学期的三好生自己评不上；有一些孩子可能会担心班上其他同学不喜欢自己，等等。于是，担心这个紧张那个的孩子便放逐了快乐，让忧虑将自己层层包裹。

哈佛大学中国政治学教授裴宜理常和他的学生说：“自己招来的忧伤是最大的忧伤。”李贝自己招来的忧虑吞噬掉了她一周的好心情，也给身边关心他的人造成了很大的压力。而到最后，她担心的事情其实并没有发生。

忧虑，是人在面临不利环境和条件时所产生的一种情绪抑制，使人精神沮丧，身心疲惫。无论是逃避问题还是对问题过分执着，实际上只可能有两种情况。一种是问题并不像我们所想的那么糟，至少没有到无可挽回的地步。只要采取积极正确的态度，问题就会得到解决。这样，我们也就没有什么可忧虑的了。另一种情况是问题的确是超出了我们的能力所能解决的范围。对这种情况，我们就需要乐观一些，就像杨柳承受风雨一样，我们也要承受无可避免的事实。哲学家威廉·詹姆士说："要乐于承认事情就是这样的情况。能够接受发生的事实，就是能克服随之而来的任何不幸的第一步。"

其实，很多担忧和焦虑的情绪都是经过自己放大了的，其实它们本身并没有那么可怕，而且99%的忧虑实际上并没有发生，那么，何必让自己陷落进忧虑的陷阱中去呢？跳出来吧，你会拥有一个更广阔的天地。

Chapter7

爱美是天性，内外兼修才最美

——说给渴望美丽的你

每个女孩都渴望美丽。爱美是人的天性。青春期女孩对美的认知能力还有一定的局限性。在追求美的路上很容易迷失自己。

女儿，你要记住：真正的美是内在美与外在美的完美统一。外表美只能美一时，心灵美才能百胜不衰。真正美丽的女子，定是善良的女子，定是内心优雅、从容的女子，内是内外兼修的女子。从现在开始，从“打扮”自己的心灵开始吧！

你属于哪种肤质

“哎呀，怎么办啊，花花！”媛媛焦急地直扯花花的衣袖。

“你找我有事儿呢？还是找我袖子有事儿呢？”花花越看别人急她倒越不急，“你有事儿说事儿。我袖子都快被你给扯下来啦，大小姐——”

“我这不急嘛。你看我脸上，这几天不知道怎么回事儿，不停地长东西。”媛媛边说边把脸凑过去，“瞧见没？额头上呢！这儿，一大块……”

“哎哟！你是吃坏什么东西了，还是用什么错误的洗面奶了？怎么长这么多啊？”花花也着急起来。

“这几天我也没吃什么特别的东西啊。洗面奶？买了一瓶，不过忘记名字了。”媛媛说。

“对你无语了。”花花没好气地说，“你不知道洗面奶的名字，我就算能看出你是什么肤质，也不知道究竟是不是你的洗面奶搞的啊。”“这和肤质还有关系吗？”媛媛一脸无辜的表情。

【妈妈给女儿的悄悄话】

无论脸上长了什么东西，首先要弄清自己是什么肤质。

人的皮肤大致分为以下几种：

第一，中性皮肤。中性皮肤是最为理想的肌肤，其特点是皮肤构造细腻，既不缺水，也不缺油，水油均衡，毛孔细腻，皮肤光泽滑嫩，皮肤的pH酸碱度呈弱酸性，富有光泽和弹性。如果你是这种肤质，平常只要生活作息正常、睡眠充足、做好清洁工作及基本保养，并注意选择滋润及营养成分不太高的护肤品，就足以保持皮肤的最佳状态，造就最令人羡慕的皮肤了。

第二，干性皮肤。此肤性毛孔细小，皮肤粗糙，天生皮脂分泌不足，肌肤基本处于饥渴状态，时常有紧绷感，干脸部比较干燥，看起来缺乏光泽，容易有干裂、脱皮及过敏现象，特别是在秋冬季节，常有脱皮现象。而且这种肤质还容易产生长皱纹、长斑。

第三，油性皮肤。这种肤质的人整张脸看上去油光铮亮的，比干性皮肤及正常肤质的人有过量且较厚的皮脂油。在青春期，这种皮肤常由于荷尔蒙分泌失衡，内分泌活动旺盛，皮脂腺分泌油脂增加；另外，喜欢吃含脂肪或煎、炒、油炸等烹调食物的人，也会因刺激皮脂腺而产生更多油质。此类肤性毛孔粗大，容易长痘长黑头，但有一个最大的好处就是不容易长皱纹。之所以会造成这种和油性皮肤性质相同的粉刺皮肤，也是因为体内荷尔蒙增加刺激皮脂腺所致。

第四，混合性偏干皮肤。指中间T字部位泛油，毛孔粗大且较油。T字部位就是指眼睛和鼻子部位构成的T字形的部位。如果是这种肤质，在T字部位也会有黑头的现象，而两颊以及眼睛周围多较干，有长细纹。

第五，混合性偏油皮肤。是指T字区最油，而其他地方相对比T区的油要少，而且这种肤质的T字区常常伴有黑头的现象。

第六，敏感性皮肤。上述四种肤质皆有可能产生过敏的肤质。所谓敏感就是指因为吃、碰、抹、喝等这些动作而所引起的发痒、发红、长疹等现象。如果出现这种现象，就被称为过敏。过敏往往因人而异，过敏源也因体质的不同而不同。如果皮肤一旦出现过敏，想要得到正确的治疗的话，只有先认清楚自己是因何种过敏源引起的，过敏才能有效控制。

那么形成各种肤质的原因有哪些呢？大致有以下几个原因：

第一，先天遗传。确切地说遗传的不是肤质，而是体质，如果父母皮肤很好的话，孩子的皮肤也不会太差。

第二，环境影响。在城市和污染严重的地区，这种影响就更加明显。

第三，后天疾病。在第一个原因中曾经说过疾病，特别是内脏疾病，常常导致身体毒素积累，这样就会导致内分泌不协调，更深地说，是荷尔蒙分泌不协调，皮肤也会越来越坏。

第四，使用化妆品不当。成分不当的化妆品很可能破坏皮肤。

所以，花花想要弄清楚媛媛用的是什么牌子的洗面奶，这是想知道媛媛的脸是不是因为抹了什么东西导致了过敏。

不过，如果真想弄清楚原因，为了对自己的脸负责，妈妈还是建议媛媛去医院的皮肤科看看为好。

走出保护皮肤的误区

天气也越来越热了，上课时有些同学受不了这气温，拿着作业本或者笔记本不停地扇着。

因为上课开风扇声音太大，会影响大家听课，所以老师规定上课谁也不许开风扇。并且还给了大家一个望梅止渴的办法，说是：“心静自然凉。”

“凉什么凉？大自然是明明是热的！”葱头在那边小声嘀咕着，“要实事求是！老师！”

嫒嫒拉了拉葱头：“‘忍’字头上一把刀，老师也是为你好……”

“哼……”葱头不满地从鼻子里发出声，也不作声了。

大家都那样，抱怨归抱怨，真正敢对着老师干的可没几个。

一到下课，大家都嚷着要开风扇。

“你干吗啊？不会走慢点啊！”花花生气地大叫起来，“我的唇膏都被你碰到地上了！”

“大夏天的，还涂什么唇膏啊。”葱头从地上捡起唇膏，立刻赶着去开风扇去了。

这边花花的脸已经由白变成红色了，战争一触即发。

“先别生气，看看坏了没。”嫒嫒马上叫住花花，“还好，没坏！花花，你怎么夏天也涂唇膏啊。”

“唇部护理可不分夏天冬天！我这个唇膏可是有防晒功能的。”花花得意地说。

【妈妈给女儿的悄悄话】

唇部护理和肌肤护理一样，是不分春夏秋冬的。认为唇膏只能在冬天用，那是对皮肤保护的误区之一。

其实啊，唇部皮肤特别容易受到损害。在炎热的夏天，直射的太阳很容易会把唇部肌肤烤伤，使它变得薄、脆、而干燥。这样进入冬季后更容易受冷而脱皮。所以即使是夏天也不能忽视唇部的保养，并且最好选择有防晒功能的润唇膏。

一般来说，女孩子可以从18就开始护肤了。这个时候可以只做做简单的补水等项目，之后随着年龄增长和皮肤状况再增加相应的项目。

那么，在护肤上一般有哪些误区需要注意呢?

第一个误区，素面朝天型。认为不做任何保养对肌肤较好。有些女生对自己的皮肤相当有自信，认为保持自然就是最好的。实际上，皮肤每天要面临大量空气中的污染物和强烈的紫外线、冷空气等造成的干燥等，为了提高肌肤对抗越恶劣环境的能力，适时地给予它水分和保护是非常必要的。所以即使皮肤再好的女生，还是要做些基本的保湿护理。

第二个误区，资源节约型。与家人合用护肤品。有些女孩子会觉得，母女之间或姐妹之间共用护肤品没什么问题，反而显得更亲密。其实这是大错特错了。最好是按照各自的肤质有各自的洗面奶和化妆水等。

第三个误区，糊涂乱抹型。将洗面奶直接涂在脸上，边洗脸边搓出泡沫。有些女生将洗面奶直接涂在脸上，然后再在脸上搓出泡沫来。事实上，泡沫型的洗面奶必须要先在手中充分气泡后才能涂抹到脸上，这样才不会伤害肌肤角质。所以不要贪快偷懒，不如早一两分钟起床，用在洗脸上的时间多一些。

第四个误区，粗枝大叶型。经常忽略细小部位。你可以检查一下自己上化妆水和面霜时的方式，是不是做到了面面俱到，有没有忽略了一些细微的部分。比如，看看眼睛下方、嘴角四周等。

第五个误区，一劳永逸型。在使用防晒产品时，认为防晒产品度数越高越好，用高度数的一整天都不用再涂抹了。事实上，高度数的防晒产品固然防晒、隔离效果更为理想，但并不是每种场合都适用高度数的防晒品。对于皮肤来说，度数越低的防晒品负担越少。如果你大部分都在室内活动，防晒系数为25就已经足够，没必要用度数更高的产品，让你的肌肤负担更重。即使你使用高度数的防晒品，也会因为汗水、脸部分泌的油脂等原因，随着时间而失效。因此，每隔三小时补充一下防晒品，无论度数低或高都是有必要的。

第六个误区，坚持到底型。认为开始使用护肤品后就不能停。事实上，只要有足够的睡眠，即使不用护肤品，肌肤的状态也不会差。趁此机会锻炼一下你的肌肤，不要让你的肌肤对护肤品产生依赖。而当你再使用原来的护肤品时，它们又回到最初使用时的明显效果。

所以，看来好好护理自己的皮肤还是很有讲究的。大家一定要多多注意，避开误区，合理保护，才能有更好的肌肤。

你也许不美，但是唯一

“花花，又照镜子呢！”媛媛过来打趣，“我们的美女又有什么新发现了？”

“你以为人家脸上是军事地图，能随时发现新敌情啊？”葱头说话好像总是不经过大脑，想到什么说什么。

“我的脸当然不像有的人了，青春都没有了，只剩‘痘’了。”花花一听就气不打一处来，不就照个镜子吗，也被葱头挖苦一番。

“葱头！你脸上的青春痘好了很多了啊！”媛媛吧，有时候挺不会挑话说的，明明花花在讽刺葱头脸上的青春痘，她还哪壶不开提哪壶。

“我知道自己不漂亮……只是希望它们能饶了我，别再一个劲儿地往外冒了。”还好葱头也没多做计较。她知道花花就那样，刀子嘴豆腐心。那个时候她脸上长痘了，最急的就是花花，找了不少办法来告诉她怎么不留下伤疤。

【妈妈给女儿的悄悄话】

很多女孩子觉得自己挺漂亮，虽然她们大多数知道自己并不漂亮。不过，在妈妈们的心目中，自己的女儿永远是最漂亮的女儿。

其实啊，很多女生的长相都是平凡的，达不到自己想要的漂亮的标准。那么怎么为自己不够漂亮的外形加分呢？社会上公认的真正的美女往往都是有气质的美女。曾经有人说过，要对一个不漂亮的女人作评价，如果她还算知书达理，可称之为“有气质的女人”。

要使自己成为气质美女，就要体现在细节上。

比如，走路不要急步流星，更不要走得太慢，生怕踩了路上的蚂蚁似的。最好的速度是不快不慢，这样才能走得稳稳当当。在走姿上，可以扭。臀部的扭动更显你的腰姿，但不要上身全跟着动起来，这样给人看上去有轻浮感。只要走的时候两手垂直，轻轻前后摇摆，这样臀部会跟着走路的节奏自然扭动起来。但是也别走正步，弄成走军姿的样子——估计没经过专业训练的也走不出来。总之，一切要自然。

此外，脸部表情也很重要，要多微笑。记得是微笑，不要呆若木鸡，面如僵尸，也不要笑得花枝乱颤，过于夸张。笑的时候做不到笑不露齿，也就是轻轻上扬一下你的嘴角。当然了，最重要的就是你的眼睛。在听别人说话或者跟人说话时，一定要正视着人家的眼睛。不要左顾右盼的，给人一副心不在焉、心猿意马的样子。记得有本书上说女人的眼睛是她心的一道闸门，那就好好地利用这到闸门，把你的自信表现出来。

说到这里，也是最关键的地方。如果具体的细节你都做得很好了，那么自信心就十分必要，而且重要。

自信你自己是最美丽、最优秀的。这种自信不是要你摆在嘴上。相反，做人一定要谦虚，聪明的人往往一直都在夸别人。聊天的时候切记都围着自己转，以自己为中心，也千万不要实现宣传自己怎么怎么样了，给别人的希望越大，大家对你的期望也越大，往往到最后失望也就越大。有些话要放在心里，从心里往外地散发，表现在你的脸上。

另外，做人还是要有修养、有内涵才最重要。有句俗话讲得好："路遥知马力，日久见人心。"相信大多数的人都不会只希望和别人打一两次交道，而是希望长久地友好相处下去。所以，千万不能被人在背后说："那人看上去很有气质，但一张嘴脏话连篇！"永远要记住，不管是做美女还是有气质的人，千万不要骂人，那样会毁了所有的形象。

气质由心生，保持自己一颗纯洁善良的心才最最美丽。不管是高的矮的，还是美的丑的，给自己一点信心，相信自己就是最有个性的，多展现一份自信，就多给自己加一分气质。你还怕别人说你不漂亮吗？

怎样保养明亮的双眸

“花花，黑板最左边那一竖行是什么字啊？给我念念。”嫒嫒眯着眼睛，还是看不清，最后只好求助花花。

“你自己不会看啊？”花花头也没抬，“我正写作文呢！”

“看不清呢！好像最近视力有所下降。不知道怎么回事，不仅黑板左边的字有时候变得模糊，人远了也有点看不清鼻子和嘴巴。”嫒嫒决定站起来伸长脖子去看。

“不会是快要成近视眼了吧？”花花停了停笔，看嫒嫒一副水鸭的模样又好笑，又觉得担心。

“不是吧？我可不想戴眼镜。”嫒嫒被吓到了。

“你平时总在光线不足的地方写作业，我提醒你还不注意，现在知道害怕了吧？”花花越说，嫒嫒越觉得紧张。

“我该怎么办啊？”

【妈妈给女儿的悄悄话】

眼睛确实要好好保护。因为你们学习的负担比较重，就更要讲究用眼的方法了。

据中国、美国、澳大利亚合作开展的一项防治儿童近视调查显示，我国近视眼人数已近4亿，居世界第一，近视发生率已经达到世界平均水平的1.5倍，青少年近视发生率更是高达50%至60%。近视人数连年攀升，已经成为影响我国人民健康的重要问题。

所以，怎样避免成为近视眼就变得越来越重要了。毕竟，再明亮有神的眼睛戴上一副眼镜也失色不少。

那么，什么是近视眼呢？近视眼又是怎么形成的呢？万一一不小心成了近视眼，又该如何正确对待呢？这些常识我们最好能有个大致的了解。这样才能防患于未然，尽量做到不戴眼镜或者降低眼镜佩戴度数。

近视眼也称短视眼，因为这种眼只能看近不能看远。说得通俗点，就是看不清远处的东西。近视眼一般分为假性近视和真性近视两种。假性近视具有治疗（含休息）则消失，不治又复发的特点。虽然治疗时各种方法可能都有一定效果，但所有效果都不能持久。不过，不管怎样，假性近视还是有治愈的可能和希望的。

成为真性近视前常常有一段时间是假性近视期。而如果一旦成了真性近视，则往往不通过一定的手术就不能再恢复到以前的好视力了。

从近视发生的原因来考虑，主要有体质因素和环境因素。

那么，什么样的环境容易导致孩子近视呢？

第一是用眼距离过近。正常阅读距离应是30–35厘米。

第二是用眼时间过长。有的青少年看书写字做作业或者看电视等连续3–4个小时都不休息，甚至到深夜才睡觉休息，这样不仅影响身体健康，而且使眼睛负担过重。久而久之，看远处时，眼睛的肌肉不能放松而呈痉挛状态，看远处就感到模糊而形成近视。一般主张连续看书写字或看电视40-50分钟就应休息片刻或向远处眺望一会儿。

第三是照明光线过强或过弱。如果光线太强，如阳光照射书面等，会引起强烈反射，刺激眼睛，使眼睛不适，难以看清字体，所以，千万不要在强光下看书。相反，光线过弱，书面照明不足，眼睛不能清晰地看清字体，头部就会向前，凑近书本。这样也容易导致眼睛疲劳，使得眼睛的调节过度或痉挛而形成近视。

第四是在车上或走路时看书。有的青少年充分利用时间，边走路边看书或在行走的车厢里看书，这样对眼睛很不利。

第五是躺着看书。许多青少年喜欢躺在床上看书，这是一种坏习惯。因为人的眼睛应保持水平状态看书，使调节与集合取得一致，这样才能减少眼睛的疲劳。而如果躺着看书，无形中可加重眼睛负担2倍-3倍，日子久了就形成近视。

第六是睡眠不足。当睡眠不足时，第二天精神不振，头昏脑涨，大脑没有充分休息，疲劳未能消除，就会加重眼睛负担，促使近视发生。睡眠不足是近视眼的形成原因中很重要的一条。

第七是课桌不符合要求，写字姿势不正确。不能保持正确姿势，也能使眼睛发生疲劳，久而久之容易发生近视。

第八是空间射线的影响。这里主要指看电视、玩电子游戏和长时间上网的情况。

眼科专家指出：环境因素引起的近视是具有可控性的。因为青少年正处于生长发育期，眼球的可塑性很强，睫状肌的弹性恢复的余地很大。

只有平时多注意，多多关心爱护自己的眼睛，才有可能成绩也优秀，眼睛也明亮哦。

选对适合你的色彩

“同学们！认真听了！这节美术课我们讲颜色搭配。”美术老师又在上面唱独角戏了。每次上美术课大家都不怎么听，有的拿出笔自己画，有的干脆拿出其他科目的作业来做。

不过美术老师很强悍，他说：“只要有一个人听，我都会坚持讲课。”

到后来，这话变成了：“就算没一个人听，我也会坚持讲课。”

果然，大家又开始准备做自己的事。

“女孩子们不可不听哦。因为要想穿得漂亮，颜色搭配很重要。”美术老师不知道是不是咨询过心理老师了，知道女生想听什么。

“穿衣服真的要看颜色吗？”葱头转过头问花花。

“应该是要的吧。”花花说，“我还没见人穿一件大红外套，然后配一条绿色裤子的呢。”

“那我们听听吧。”媛媛立刻收起正要做的英语试卷。

【妈妈给女儿的悄悄话】

穿衣服，颜色绝对是不容忽视的重中之重。中国人也有很多表示颜色的词，常见的分类是红、橙、黄、绿、蓝、靛、紫、黑、白、褐等。不同的颜色也往往被赋予不同的寓意。

一般来说，白色寓意公正，纯洁，端庄，正直，晶莹，圣洁；黑色寓意清廉，凝重，严肃，寂寞，沉稳，神秘，孤独；红色寓意伟大，热诚，忠心耿耿，喜庆，可怕，危险，热情；绿色寓意鲁莽，怡人，希望，和平，公正，青春；粉色寓意聪明，活泼，可爱，梦幻，浪漫，梦想，妖艳；蓝色寓意青春，朝气，正派，义气，轻快，寂寞，安静，宽容，柔情，永恒；紫色寓意森严，持重，忍耐，果断，高雅，神秘；灰色寓意不定，两可，冷淡，平静；雪青寓意优美，秀丽，柔和，舒适；葱绿寓意智慧，宁静，沉默，安详；黄色寓意忠义，顽固，独立。根据这些寓意，服装上也有相应的讲究。

服装颜色大致可分为三类：红、黄、橙及相近的色彩为暖色，给人以热的感觉；青、蓝色是冷色，给人以寒冷的感觉；绿、紫色是中间色。

一般来说，冬天选暖色，夏季选冷色是选择服装色彩的原则。

服装的色彩要用得调和，服装才会显得大方端庄。

东方人的皮肤属于黄色，依照色彩学的原理，黄色皮肤的人，穿着白色、灰色、酒红色、黑色、蓝色、咖啡色等与肤色能够配合的衣服看上去比较优雅、古典。

常见的配色方式有如下几种。

第一，红色配白色、黑色、蓝灰色、米色、灰色。

第二，粉红色配紫红、黑色、灰色、墨绿色、白色、米色、褐色、海军蓝。

第三，橘红色配白色、黑色、蓝色。

第四，黄色配紫色、蓝色、白色、咖啡色、黑色。

第五，咖啡色配米色、鹅黄、砖红、蓝绿色、黑色。

第六，绿色配白色、米色、黑色、暗紫色、灰褐色、灰棕色。

第七，墨绿色配粉红色、浅紫色、杏黄色、暗紫红色、蓝绿色。

第八，蓝色配白色、粉蓝色、酱红色、金色、银色、橄榄绿、橙色、黄色。

第九，浅蓝色配白色、酱红色、浅灰、浅紫、灰蓝色、粉红色。

第十，紫色配浅粉色、灰蓝色、黄绿色、白色、紫红色、银灰色、黑色。

第十一，紫红色配蓝色、粉红色、白色、黑色、紫色、墨绿色。

在服装方面，色彩搭配基本要主要有：

第一，服装的色调以温和者为佳，极深色与特浅色不好。

第二，上装的颜色要相近搭配，属同一色系，反差太大，对比太强烈都不好。

第三，体形娇小瘦弱的人宜选素色、无花纹的服装，如果你一定想穿带花纹的衣服，大格子的花形最好不选，而应选择小方格的花纹，因为大格子花纹会显得人更瘦。

第四，身材娇小者在穿扮时最大的困扰是下半身的穿着，因此，要特别注意颜色应与上半身和谐，通常选择明亮活泼的服饰较为合适。

第五，皮带与衣服的颜色应协调，颜色反差不能太大，皮带也不能太宽。

在配色时，必须注意衣服色彩的整体平衡以及色调的和谐。通常浅色衣服不会发生平衡问题，下身着暗色也没有多大问题，如果是上身暗色，下身浅色，鞋子就扮演了平衡的重要角色，它应该是暗色比较恰当。

魅力女孩的时尚标签

一天，小伙伴们讨论最时尚的生活方式：

葱头说：“在我看来，最时尚的生活莫过于到处环游世界。”

花花说：“我想象的时尚生活是在将来能够经常参加各种社交派对，结识不同圈子的朋友，学习不同场合的着装和彩妆。”

媛媛说：“我认为自己最时尚的生活是能把工作当成一种乐趣，就是找一份自己做不累的工作，那多爽啊。”

“我觉得最时尚的生活是在将来多学一门才艺，调节自己的生活吧。我很想让自己的生活慢下来，过得更加惬意。”果果说。

回到家，果果向妈妈报告伙伴们的时尚理念。妈妈笑着说：“你们现在这些小孩子都很有想法，我像你们这么大的时候哪里想过这些问题呢？呵呵，都够时尚的。”

“我们的想法都很超前吗？”果果歪着脑袋问妈妈。

“嗯，总之不落后。果果，有想法的女孩，生活是不会落伍的。”妈妈笑着说。

【妈妈给女儿的悄悄话】

21世纪的女性有新型的价值观念、道德观念和处世方式。时尚女人一般都具有以下特征：

1.经济独立。

21世纪的时尚女人普遍有自己的事业，即使婚后锦衣玉食，也绝不会放弃自己的工作。她们经济独立，拥有一份待遇不菲的工作；她们思维敏捷，聪明智慧，努力在事业和爱情中间取得平衡；她们独立自主，自尊自立，认为嫁给谁就等于找到了长期饭票简直就是荒谬，“傍大款”遭到唾弃。她们有较强的理财能力，懂得怎样用钱更好地安排自己的生活。

2.爱自己，才能爱别人。

这是21世纪时尚女人中最流行的口号，最时髦的举止。时尚女人会时时倾听自己的内心，诚实地面对自己真实的感受和欲念，选择自己想要的，从不曲意承欢，不委曲求全，不刻意讨好别人而压抑自己。她们认为只有用这样的态度爱自己，才能真正了解爱的意义，进而才有能力去爱一个男人，保证双方在“爱”中不受伤害。

3.不断“充电”。

注意时事、关心环境、了解政治、接近人文，时尚女人拥有热切求知的好习惯，书籍、电影、资讯光碟、网络是她们最好的朋友。熟练使用一门以上的外语、进修MBA或一门实用课程，对于她们来说是提升自己知识与能力、开拓事业的必不可少的手段。她们认为只有一个知识与智慧、美貌与才情兼备的女人才会充满活力与信心。

4.工作即娱乐。

传统的铁饭碗的职业观彻底改变，时尚女人不惧怕放弃稳定的职业，频繁跳槽成为一种流行的生活方式。她们比男人更懂得工作对于人生的重要性，愿意将生活的乐趣融合进繁忙的工作中，并为之努力。如果面对一份自己毫无兴趣的职业，即便有再高的薪水，她们也会义无反顾地离开。

5.角色多变。

现代社会的快速发展造就了时尚女人作为社会角色的多变性。她们有时温柔似水，有时狂放不羁，有时是甜蜜的情人，有时是办公室里板着面孔的女主管。很难用“好”和“坏”、“天使”和“魔鬼”、“淑女”和“荡妇”这样绝对的字眼来形容她们，因为她们就像一个矛盾的统一体，光怪陆离却又和谐完美。

6.交友广阔。

时尚女人时刻注意扩大自己的社交圈，艺术展览、科技研究、商贸交流、国际环保，只要对自己有益的活动，她们都不会拒绝参加。在这些活动中，可以认识各个行业、各个领域的朋友。从这些朋友身上，她们可以开阔眼界、学习新的知识、参与更多的社交活动，也为自己创造更多打开世界的机会。

7.旅行。

更多的时尚女人会选择独自旅行的方式来度过自己的闲暇时光。她们认为单独旅行不仅可以摄取新知，更是一种自我探索，独自面对陌生的外界环境，能够培养自律，训练自信，感觉生命的美好与完整。只有更多地感受生活形态，才能明白自己真正适合什么样的生活。在与大自然近距离的接触中，女性的自我疗伤能力将愈加增强，心灵将愈加健康而自由。

8.健身。

时尚女人关爱自己身体的每一部分，会将更多的时间和金钱花在有益于健康的活动上。跑步、游泳、健身、爬山，只要是对身体有好处的运动，她们都乐此不疲。健身操、芭蕾等与音乐相关的运动也会继续风行，因为大多数女性每周至少有一次这样的运动机会，她们认为体育与音乐对培养自己的气质起着重要的作用。

什么是真正的女人味

花花近来看韩剧看多了，所以经常和大家谈论“女人味”的问题。在花花的眼中什么样的才是女人味十足呢？

“头发一定是香的，这样的女孩才算有女人味。”

“如果只是头发香还不行，一定要用香水。让自己走到哪里都散发香的味道。”

“不穿高跟鞋，那还算是女人吗？女人味的浓淡和高跟鞋的鞋跟长度是成正比的。”

“这个年头，还有谁穿件衣服把脖子都包起来呢？适当地裸露一点，毕竟我的皮肤白皙而又富有弹性。”

伙伴们早已经习惯了花花的碎碎念，但不敢苟同她的观点，所谓的女人味，一定要有香味才算有味吗？

“花花要小心，香水不要抹多了，否则会让人感到刺鼻而栽个跟头。”葱头怎么这么不长眼，净说花花不喜欢听的话。

多多想，女人味，所指的不是香味，而是回味吧。

【妈妈给女儿的悄悄话】

所谓女人味，指的是一种人格、一种文化修养、一种品位、一种美好情趣的外在表现，当然更是一种内在的品质。简而言之，女人的味道就是女人的神韵和风采。有味道的女人，三分漂亮可增加到七分；没味道的女人，七分漂亮可降低到三分。没味道的女人，即使她有着如花的脸蛋、傲人的身材，但只要她一开口便足以暴露出她贫瘠的内心和空荡荡的精神。因此说，漂亮并不代表女人味。

做女人一定要有女人味，那样才能吸引众人的目光，尤其是来自异性赞赏的目光。最有资格评价女人的是男人，那么，在男人眼中，到底什么才是女人味呢?

1.矜持。

不管你是白领还是蓝领，也不管你待字闺中还是已为人妻，作为女人，永远不要大大咧咧、风风火火。要记住，凡事有度，矜持永远是女人的最高品位。

2.智慧。

外表漂亮的女人不一定有味，有味的女人却一定很美。因为她懂得“万绿丛中一点红，动人春色不需多”的规则，具有以少胜多的智慧；她懂得凭借一举一动、一言一语、一颦一笑的优势，尽现自己的至善至美。

3.有度。

再名贵的菜，它本身是没有味道的。譬如“石斑”和“鳜鱼”，虽然很名贵，但在烹调的时候必须佐以姜葱才能出味。女人也是这样，妆要淡妆，话要少说，笑要微笑，爱要执着。无论在什么样的场合，都要好好地“烹饪”自己，使自己秀色可餐。

4.品位。

前卫不是女人味，切不要以为穿上件古怪的服装就有味了。当然这也是味，但却是“怪味”。

5.情调。

有钱的女人不一定有女人味。这样的女人铜臭有余而情调不足，情调不足就索然无味。

女人味，如果叫你真正说说其内涵，大多又很难说清楚。很多男人认为，一个充满女人味的女人至少要有以下六大特征：

（1）举止斯文，声音悦耳，说话节奏不快也不慢。

（2）善良，有一点点不做作的天真。

（3）独立自主，保持本色，独具个性。

（4）善解人意，不强人所难，与人为善，有理也让人三分。

（5）穿着得体，不传统守旧也不夸张，但绝对干净清爽。

（6）大方，但不张扬，让人乐意与她相处或共事。

Chapter8

理性社交，与优秀的人为伍

——说给知书达礼的你

随着年龄的增长，每个人都不可避免地要与人打交道。一个举止优雅、谈吐不俗的女孩在社交场合永远都会吸引众多的目光。因此，读好书、交高人、结益友，应该是女孩子的交友原则。

女儿，你一定要记住：世界上最复杂的就是人心，尤其是步入社会后，你的一言一行给别人的印象会极大地影响你今后的路途。走好人生每一步，从塑造自己开始，与优秀的人为伍，运气不会差。

微笑是你的“见面礼”

从前有一个小女孩，天生容貌丑陋，她有着严重的自卑情结，别人很少能够从她脸上见到笑容，她也没有什么朋友。幸福女神决定帮助这个小女孩，使她不再孤独。

幸福女神就带她去参观两座玫瑰园。当她们走进第一座玫瑰园时，里面阳光明媚，鸟语花香，随处可以听到爽朗的笑声。在里面遇到的每一个人，都会热情地跟她们招呼，并且送给她们一个真诚的微笑。之后，幸福女神就问小女孩道：“你喜欢这里吗？”

小女孩点了点头说：“喜欢。这里的人非常热情亲切。”

随后，幸福女神又带小女孩走进第二座玫瑰园。那里面死气沉沉的，天空阴郁，地上长满了杂草，玫瑰花也开得无精打采，她们见到的每一个人，都面带忧郁，没有一个人主动跟她们打招呼。

从第二座玫瑰园里出来之后，幸福女神又问小女孩道：“现在你把这两座玫瑰园比较一下，你愿意生活在哪一座玫瑰园里呢？”

小女孩毫不犹豫地回答道：“当然是在第一座玫瑰园里了，因为他们每个人的脸上都有着灿烂的笑容。”幸福女神抚摸着小女孩的头说：“是啊，当你笑的时候，也就拥有了一座健康的玫瑰园。同时，你也就把自己的幸福分享给了身边每一个人，他们也会被你引入第一座玫瑰园。”

小女孩恍然大悟。她开始经常微笑地面对他人和生活。从此，她变成了一个人见人爱的小女孩。

【妈妈给女儿的悄悄话】

微笑无声，却传达着“我喜欢你”，“我表示欣赏、赞同”，“你很受欢迎”等丰富的含义。微笑，是为人处世中最有价值、最富有吸引力的面部表情。行走在不同民族不同地域，也许肤色不同语言不同，但是，只要微笑，一定能够打开一扇沟通的大门。

微笑能给对方良好的第一印象；微笑可以表示对他人的尊重和友好；微笑能打破僵局，解除人的心理戒备；微笑能表示对他人赞许、理解、谅解等态度。

不要小看微笑的力量，它能够让人以令人舒服的方式收获成功。

一天，美国旅馆大王希尔顿在新旅馆营业员工大会上问大家：“现在我们旅馆新添了第一流的设备，你们觉得还应该配上哪些第一流的东西，才能使顾客更喜欢希尔顿旅馆呢？”员工们纷纷提出自己的意见，但希尔顿并不满意，他说：“你们想想，如果旅馆只有第一流的设备，而没有第一流服务员的微笑，顾客会认为我们提供了他们最喜欢的全部东西吗？如果缺少服务员美好的微笑，能使我们的上帝有回家的感觉吗？”

稍停片刻，希尔顿又接着说：“我宁愿走进一家设备简陋而到处充满服务员微笑的旅馆，也不愿去一家装饰富丽堂皇但不见微笑的旅馆。”

正是这微笑，让希尔顿旅馆赢得了不少顾客，给希尔顿带来了信誉和成功。的确，微笑是人际沟通的通行证。微笑能给人以温暖，令人愉悦和舒畅。

有人把微笑称为一种有效的“交际世界语”，这是十分恰当的。正如罗杰·E·艾克斯泰尔所指出的：“有一个世界通用的动作，一种表示，一种交流形式，它存在于所有的文化与国家中，人们不分国别、不分种族地使用它，并理解它的含义。它可以帮助你与各种关系的人交往，不论是业务伙伴，还是朋友，它是人们交流中唯一最有用的形式。那就是微笑。”

与人初次见面，面露微笑，会使人顿生好感；见到老朋友，点头微笑，打个招呼，会使人感到你是个重情义的人。服务人员自然地面露微笑，则会给人一种宾至如归的感觉。在微笑时，要发自内心、发自肺腑。只有笑得真诚，才显得亲切自然，与你交往的人才能感到轻松愉快。切不可“皮笑肉不笑”或笑过了头，给人傻乎乎之感。

微笑也可进行技术性训练。因为人们微笑之时，口角两端向上翘起。练习时，为使双颊肌肉向上抬，口里可念着普通话的“一”字音。还得训练眼睛的“笑容”。取厚纸一张，遮住眼睛下边部位，对着镜子，回忆过去的美好生活，使笑肌提升收缩，嘴巴两端做出微笑的口型，随后放松面部肌肉，眼睛随之恢复原形。

微笑，可以化解人际交往过程中可能存在的一块块坚冰，并能够使自己的亲和力增值不少。

既然这样，那就微笑吧，因为太阳每天都是新的！

好口才决定好前程

曾经有一位国学大师说：“人才不一定有口才，而有口才的人一定是人才。”有的时候，丽丽很想锻炼自己的口才，却无从下手。

丽丽不得不承认，她没有勇气在众人面前讲话，如果要在人前讲话、发言，她总是不敢正视听众的目光，当大家的目光注视到她的时候，她会感到如芒在背，心跳加快，脑中一片空白。其实，对此她自己也是颇为苦恼，但是却不知如何是好。

“练练说相声吧。”葱头向丽丽提议，“说相声的人都有口才，或者你先学学说快板也行。”

“练习绕口令，是不是也能让人变得有口才呢？”媛媛自己也拿不准主意。

英语的扩展阅读中，老师会向大家介绍很多关于著名演讲家的演讲词，他们讲话时能言善辩、口若悬河的气势让丽丽叹为观止。

口才啊口才，丽丽做梦都希望自己有副好口才。

【妈妈给女儿的悄悄话】

在生活中常常会有这样一种情形，如果你对一件事情或一个人产生了一种想法之后，再继续思考，你会发现，你很容易按照原来的思考方向继续下去。

其实这是因为一个人的思维具有惯性：当你朝某一个方向思考问题时，你就会倾向于一直考虑下去。这就是为什么有些人一旦沉醉于某些消极的想法之后，就一直难以自拔的道理。

在与人相处的过程中，如果你试图说服他人，这时就需要懂得运用这一原理了。当与人讨论某一问题时，不要一开始就将双方的分歧亮出来，而应先讨论共识的东西，让对方不断说“是”，然后再逐渐地提出你们存在的分歧，这时对方也会习惯性地说“是”。

促使对方说“是”的方法有很多，你可以尝试着用以下几个最简单的方法，促使他人对你说“是”。

1.当你与别人交谈时，不要先讨论对方——而且不停地强调——对方所同意的事。因为你们都在为同一结论而努力，所以你们的相异之处只在方法，而不是目的。

2.让对方在一开始就说“是，是的”。假如可能的话，最好让对方没有机会说“不”。

3.使对方说“是”，其实比想象中的要容易。任何问题的答案只有两种——“是”与“不”。

开始时，这两者各占一半的机会，因此只要稍加努力，那么否定的一半也会变成肯定的了。也许你会觉得“是”的反应其实并不难，它甚至是一种很简单的技巧，然而它却为大多数人所忽略。

懂得说服技巧的人会在一开始就得到许多“是”的答复。也许有些人会认为，在一开始便提出相反的意见，这样不正好可以显示出自己的重要而有主见吗？但事实并非如此，在现实生活中，这种“是”的反应很有用处。

詹姆斯·艾伯森是格林尼治储蓄银行的一名出纳，他就是采用这种办法挽回了一位差点失去的顾客。艾伯森先生向我们讲述了他的经历。

“有个年轻人走进来要开个户头，我递给他几份表格让他填写，但他断然拒绝填写有些方面的资料。

“在我没有学习人际关系课程以前，我一定会告诉这个客户，假如他拒绝向银行提供一份完整的个资料，我们是很难给他开户的。但今天早上，我突然想，最好不要谈及银行需要什么，而是顾客需要什么。所以我决定一开始就先诱使他回答‘是，是的’。于是，我先同意他的观点，告诉他，那些他所拒绝回答的资料，其实并不是非写不可。

“但是，假定你碰到意外，是不是愿意银行把钱转给你所指定的亲人？

“‘是的，当然愿意。’他回答。

“那么，你是不是认为应该把这位亲人的名字告诉我们，以便我们届时可以依照你的意思处理，而不致出错或拖延？

“‘是的。’他再度回答。

“年轻人的态度已经缓和下来，知道这些资料并非仅为银行而留，而是为了他个人的利益。所以，最后他不仅填下了所有资料，而且在我的建议下，开了一个信托账户，指定他母亲为法定受益人。当然，他也回答了所有与他母亲有关的资料。

“由于一开始就让他回答‘是，是的’，这样反而使他忘了原本存在的问题，而高高兴兴地去做我建议的所有事情。”

捕捉住人性的弱点，在人际交往中会让每一个人都受益无穷。中国有句格言最能反映东方人的智慧，“以柔克刚”。所以，如果你要说服他人，就要请记住这个原则：设法使对方开口说“是的”。

在坐姿中展现优雅

丽丽坐在沙发上，塞着耳机陶醉于音乐中，这时妈妈说：“丽丽，你看看你的两个脚丫子都要跷到天上去了，快放下来吧。”

丽丽这才注意到自己跷起了“二郎腿”，丽丽不好意思起来。

“良好的坐姿要在平时就训练好。不要觉得是在自己家里就可以随便，因为一个人在家中的表现，到了外面可以自自然然地在不经意间流露出来。如果你到了社交场合，也是这样的坐姿，那就失掉了威仪，也会受到别人的轻视。”

“嗯，妈妈言之有理，我马上就改。”

“平时在家中就训练自己良好的坐姿，习惯成自然之后，无论走到哪里都会有优雅的表现了，对不对？”妈妈和蔼地说。

“嗯，妈妈，您教我吧。” 丽丽决定要向妈妈请教。

【妈妈给女儿的悄悄话】

坐姿是一种艺术，坐姿不好，直接影响到一个人的形象。对于女人来说，这一点尤为重要。因为它决定着你是一位高贵优雅的“女神”，还是一个缺乏教养的人。

在各种场合，都要力求坐得端正、稳重、温文尔雅，这是坐姿的最基本要求。坐姿如何，是影响社交的一大要素。坐姿不端，在别人的心目中会留下不好的印象。

那么，什么样的坐姿可使女性稳重、端庄、落落大方呢？

1.面带笑容，双目平视，嘴唇微闭，微收下颌。

2.立腰、挺胸、上身自然挺直。

3.双肩平正放松、两臂自然弯曲放在膝上，亦可放在椅子或沙发扶手上，掌心朝下。

4.双膝自然并拢，双腿正放或侧放，双脚并拢或交叠。

5.谈话时，可以有所侧重，此时上体与腿同时转向一侧。

正确的坐姿关键在于腰。不论怎么坐，腰部始终应该挺直，放松上身，保持端正姿势。在社交场合中，坐姿要与场合、环境相适应。

1.自然坐姿。

平时坐在椅子上，身体可以轻轻贴靠于椅背，背部自然伸直。腹部自然收紧，两脚并拢，两膝相靠，大腿和臀部用力产生紧张感。不妨一开始你就坐得深一些，然后背部保持直立，膝盖并拢，这会使你显得优雅而又从容。

2.坐沙发的坐姿。

一般沙发椅较宽大，不要坐得太靠里，可以将左腿绕在右腿上，两小腿相靠，双腿平行，显得高贵大方。但不宜跷得过高，不能露出衬裙，否则有损美观与风度。也可双腿并拢，让双膝紧靠，然后将膝盖偏向与你讲话的人。偏的角度视沙发高低而定，但以大腿和上半身构成直角为原则，以表现女性轻盈、秀气的阴柔之美。

3.曲线坐姿。

双膝并拢，两腿尽量偏向后左方，让大腿和你的上半身构成90度以上的角度，再把左脚从右脚外面伸出使两脚的外线相靠，这样，你的身形便成一个S型，雅致而优美。

4.正式坐姿。

膝盖与脚跟都并起，双面垂直向下，背脊伸直，头部摆正，视线向着对方。这种坐姿可用于面谈之类的正式场合，可给予对方诚恳的印象。但也不要双膝并得太紧，一动不动，这会给人产生一种紧张感，一种不安全感。

5.进退坐姿。

在交往时对入座和退座也都有一定要求。入座时，应轻、缓、稳，动作协调柔和，神态从容自如。人应走到椅子前，转身背对椅子平稳坐下，若离椅子较远，可用右脚向后移半步落座。女子入座，要娴静、文雅、柔美，若穿裙子则应注意收好裙脚。落座后，应双目平视，嘴唇微闭，面带微笑，挺胸收腹，腰部挺起，重心垂直向下，双肩平正放松，上身微向前倾，手自然放在双膝上，双膝要并拢。亦可双脚一脚稍前，一脚稍后；两臂曲放桌子上或沙发两侧的扶手上，掌心向下。坐椅子时，一般只坐满椅面的三分之二，脊背轻靠椅背。起立时，右脚先向后收半步，然后站起。

坐时应克服不雅的坐姿。包括半躺半坐，前仰后倾，歪歪斜斜，两腿伸直跷起或双腿过于分开，跷二郎腿并颤腿摇腿，将两手夹在大腿中间或垫在大腿下，用脚勾着椅子腿，脚放在沙发的扶手上等。不雅的坐姿给人轻浮且缺乏修养的印象，是失礼及不雅之举动。

容貌和身材是天生的，但坐相却是可以更改的，坐相不佳就能直接削减气质的效应。因此，生活中的女性在社交场合中，只要意识到自己的一举一动都在别人的“监督”之下，就能时时注意约束自己，在潜移默化之中渐渐养成优雅的坐姿。

站出亭亭玉立的少女

“果果，看看你，为什么总是弓着身站立呢？”妈妈在旁边说道，“如果我现在手里有照相机，一定把你的样子拍下来。”

果果从小好像就是有点站不直，如果旁边有墙的话还一定会靠上。

上小学时，老师想启发她站直了，还问过她：“果果，我们作为人，就要挺直腰板站立，这个世界上，只有人类是顶天立地的动物，对吗？”

“老师，顶天立地的动物还有企鹅。”果果聪明得太不是地方，曾让好心引导她的老师大为恼火。

军训的时候要站军姿，教官总是在她的后背猛拍一下，提醒果果“站直了”。可见，这个老毛病一直伴随她至今。

“妈妈，我改不过来了啊，我一直以为自己是直的啊。”果果向妈妈抱怨说。

“果果，我来教你一个站直了的小窍门吧，你可以试试自己站立的时候身体往后倾，当你觉得自己身体在往后倾的时候，就说明你是站直了的；如果你觉得自己站着没有往后倾的感觉，那就说明你没有站直。不信的话，你可以试试。”妈妈告诉我一个治疗“虾米站姿”的小偏方。

“嗯，我试试看，以后就能站直了。”果果谢过妈妈，自己开始练习。

【妈妈给女儿的悄悄话】

亭亭玉立是一种挺拔而不僵直，柔媚而又富于曲线的娇美姿态，展示女性形体线条美，体现了女性的端庄、稳重和大方，给人娴静、含蓄、深沉的美感。

美是一种整体感受，再绝伦的容貌，再标准的身材，如果加上一副萎靡不振的姿势，粗俗无礼的举止，美根本无从谈起。站立、行走、坐卧三个方面是人体最基本的姿态。

站立是生活中最基本的举止，站姿是生活中静态造型的动作，女性站立的姿势美与不美，直接关系到女性的形象。因此，作为现代女性，在社交活动中站立不仅要挺拔，还要优美和典雅。

怎样才是正确的站立姿势呢？美姿动作的练习里，四分之三站姿的学习是非常重要的，许多其他的动作都经由这个标准的四分之三站姿而完成。其实，我们本来就很熟悉这样的姿态，但是若要取得一个较为标准的姿势，可以经由下列练习方法而得到。

面对镜子站立，两脚平伸与肩同宽。其中的右脚（左或右均可）往后走一步，脚尖朝身体的外侧与肩膀成平行线，前面的左脚收回与右脚成垂直线，左脚跟在右脚跟前一点点的位置，也就是从右脚尖到脚跟三分之二的位置。身体的重量交给右脚，或者说后面的脚承担，左脚较轻，两腿的膝盖都不可紧锁，保持弹性。反之，换左脚的姿势亦同。

另外，你还可以用以下的方法测验一下：把身体贴墙，后脑、肩、腰、臀部、脚跟等部位尽量贴近墙，使身体成为直线。站立时必须注意头要正，下颌微收，双眼望前，肩要平。切忌弯腰腆肚或耸肩突臀，否则你就会显得非常滑稽，又怎会有仪态可言？

倘若你想自己的身段看来窈窕些，站立时可把身体稍为偏侧，前脚脚尖向前，后脚与前脚成45度角，挺起胸脯及挺直腰部，双手自然地垂下，腹和臀部都要尽量向内收缩，这样的站立姿势既美观又能使你看起来精神饱满。

当你已站立了一长段时间，开始感到疲倦，但却没有机会坐下休息时，有什么办法可以减轻疲劳感？这时你千万不要表现得无精打采，把身体随便靠向墙或其他可以靠背的地方，因为这会使你的仪态大打折扣。你应将肩稍稍向后，这样会使你看来挺直及精神些，双脚可间歇交替变换站立姿势，在感觉上就会好些了。

站姿的功法主要在脚板及小腿上，所以，除金鸡独立外，还可以进一步强化训练：脱了鞋子，取个端正自然，自我感觉良好的姿势，然后，提起一只鞋，将体重完全放在另一只脚上，脚跟弯曲。脚尖向上，反复做弯曲、向上的动作，每只脚做15次，双脚轮换进行。这样，一个平稳、优美的立姿就会练出来。作为女孩，保持身体正直、挺胸收腹，才是好的立姿。弯腰驼背，左右摇晃，或者斜靠在柱子或墙壁上，都会给人一种懒散、轻薄的感觉，根本无美可言，所以是不可取的。

女孩必知的社交礼仪

一次，花花和伙伴们去参加爸爸的一个宴请。

到了那家提前预约好的饭店，爸爸和客人都还没有来。“我们进来坐吧。”花花推门而入，毫不犹豫地坐在了主位上。

“花花，那个位置给客人留着的吧，我们坐在边上就好。”媛媛提醒她。花花听她这样一讲，溜到了一边。

待会儿爸爸和客人都来了，大家坐好，该点菜了。为了照顾客户是湖南人，叔叔特意点了一些比较辣的菜。

等端上了菜，还没有等客人拿起筷子，花花已经夹菜放到嘴里了，还不住地说：“辣死了，真难吃。”

爸爸对花花说：“花花，有不辣的菜在后面，你先喝点饮料吧。”

等吃过饭，爸爸把客人送走之后，对花花说：“你啊，要多向你的同学学习，就你没有规矩，将来走到社会上怎么得了。”

花花自己感到很委屈，不知错在了哪里。

【妈妈给女儿的悄悄话】

花花的表现，是因为她缺少必要的礼仪常识。女孩如果要想将来幸福，要想有一份自己的事业，就需要和不同的人打交道，处理各种事务。因此，精通各种礼仪是成功交往的前提。

礼仪是可以培养的，主要包括见面礼仪、交谈礼仪和宴会礼仪。

一、见面礼仪

在中国主要有：

1.握手礼。

握手姿势是：伸出右手，以手指稍用力握住对方的手掌持续1～3秒钟，双目注视对方，面带笑容，上身要略微前倾，头要微低。

2.拱手礼。

拱手礼是我国民间传统的会面礼。即两手握拳，右手抱左手。行礼时，不分尊卑，拱手齐眉，上下加重摇动几下，重礼可作揖后鞠躬。

3.鞠躬礼。

鞠躬礼就是弯身行礼，是表示对他人敬重的一种礼节。“三鞠躬”称为最敬礼。行礼时，应脱帽立正，双目凝视受礼者，然后上身弯腰前倾。女士的双手下垂放在腹前。

另外，流行于国外的见面礼仪主要有吻手礼、合十礼、接吻礼、拥抱礼等。

二、交谈礼仪

一个善于交谈的女孩，不但在社交场中到处受人欢迎，获得别人的好感，而且将来在个人事业上也会获得意想不到的成就。

要想与别人愉快地交谈应注意：选择一个适宜的话题，同时要注意回避对方忌讳的话题；与人交谈时要谦虚有礼、对别人的谈话表现得有兴趣并且能够适应别人；交谈要恰到好处，既要不卑不亢，又要热情、谦虚、富有幽默感。

此外，注意说话的礼节。

（1）谈话超过三人时，不要冷落了某个人。

（2）谈话时要温文尔雅，不与人抬杠，也不要打破砂锅问到底。

（3）谈话时要注意自己的气量。

（4）谈话时目光平视，轻松柔和地注视对方的眼睛，不要直愣愣地盯住别人不放。

（5）谈话中要善于聆听，不要随意打断别人的谈话。

三、宴会礼仪

1.中式宴会的礼仪。

入座之后，首先将餐巾打开平放在膝上，席间若奉上毛巾，多半是为了方便你擦去吃螃蟹、炸鸡等食物时手上所留的油渍，千万不能用作他途。

使用餐具须注意：尽量用筷子夹取，不方便用筷子的才用汤匙，最好先将菜置于自己的碗碟中，然后再慢慢吃。用餐时，通常以右手夹菜盛汤，左手则扶碗、端碗，切忌右手拿筷，左手持汤匙，更不可一手兼持筷子和汤匙。

在宴会中，主人敬酒时，你也必须回敬一杯。敬酒时，身子要端正，双手举起酒杯，待对方饮时即可跟着饮。如果是大规模的宴会，主人只能依次到各桌去敬酒，每一桌可派出代表到主人桌去向主人回敬。

用餐时，切忌狼吞虎咽、呼噜作声；骨刺等应置于盛装骨头的专用碟中；不可拨弄盘中食物，或是站起来取远处的食物。

吃完之后，应该等到大家都放下筷子，以及主人示意可以散席，才可离座。

向主人告辞，你照例得和主人握手，握手要用力一点，以表示诚恳。如果多人轮候与主人握手告别，你只要和主人握手道别便可，不宜耽搁主人的时间。

2.西式宴会的礼仪。

参加西式宴会，首先向女主人打招呼，然后才轮到男主人。

在入席前，你要先看你的名卡在哪里，然后入席，如果没有排定座位，而你又不属于主宾，那你可以坐在远离主人的席位。

如果你迟到了，你应该走近主人所指定的位置，向主人打招呼，然后坐下来，用点头方式和宾客们打招呼。而在你的座位右边的一个男宾客，他就应该站起来，替你拉开椅子，你向他致谢后再坐下。

上菜时，也是女性优先，而且要等到女主人招呼吃菜时，客人才可吃。在非正式的场合中，有时不必等到每个人都上了菜才吃，但必须是你左右两人的菜已经上来，才可以动手吃。

正式的宴会，通常是由服务员用大盘盛着食物托到你的面前，由你自己取食物到碟子里。在这种情况下，通常在你的前面有一张餐单，你可以看餐单内容而考虑你的食量，不要取得太多。

在宴会进行中，你应该和左右两侧的人轻轻说话，不可以隔着他们和另外的客人大声说笑。咀嚼食物时不要说话。若你需要酱料，而它们又不在面前，应请邻座递给你。用完餐后，要等到主人宣布散席才可轻轻离开座位。更重要的是，餐后必须逗留一段时间才可告辞回家，以示礼貌。

在西式宴会中，有两个细节要特别注意：凡事由侍者代劳。如倒酒、整理食具、捡起掉在地上的刀叉等事情，都应让侍者去做；中途离席时将餐巾放在椅子上。

你要制定一个交友标准

多多总觉得自己好朋友太少了，她也不知道什么原因。

妈妈提示她：“多多，你对待别人的态度反差太大了。你仔细想想自己平时的表现，对待你的好朋友，你会有说不完的话，可是对那些和你不熟的人，你会一句话都不说，这样的话，你怎么会有更多的朋友呢？你应该平等地接纳更多的人，才会获得更多的朋友啊。”

“可是，当我遇到了和自己不熟的人，我就觉得不好交流，怎么办？”多多把为难之处告诉了妈妈。

“如果是这样的话，那让妈妈给你一个关于对待朋友的禁忌吧，如果你把这些记住了，就不会在和朋友交流的时候犯错了。”妈妈的话，犹如是一颗定心丸，让多多心里踏实多了。

“那，妈妈，您把那份宝贵的禁忌告诉我吧。” 多多迫不及待地说。

“嗯，妈妈还想告诉你的是，交朋友最宝贵的在于真诚，不要因为不敢和人说话而禁锢住自己，只要让人感受到了你的真诚，语言再笨拙都不会影响你们交流的效果，真的。”

【妈妈给女儿的悄悄话】

人际交往要时时注意和谐，在与人交往的时候，需要注意一些禁忌，可以保证你在与人交往的过程中不会犯错：

1.忌言谈举止轻浮。

与人交往时，语言要文明，举止要礼貌，说话有条理，言简意赅。别人谈话时要虚心倾听，不打断对方谈话，不搔首、抓腮、挖耳、抠鼻、剪指甲、跷着二郎腿等，更不要随便翻阅别人的东西。

2.忌分等级待人。

对别人一视同仁，不卑不亢，不论对方地位高低，资历深浅，条件优劣，自己都要热情谦虚，既不巴结讨好，也不傲慢自居。

3.忌自以为“什么都懂”。

对不知道的事不说，别人不了解的也不要牵强附会，以免让对方反感。

4.忌过分打扮。

衣着要与身份相符，整洁大方。当然，也要考虑被交往对象的生活习惯。如不修边幅或过分修饰，难免使对方产生误解或给人一种浮华轻薄、华而不实的感觉。

5.忌随便误解对方。

对别人谈论的事要正确理解，避免造成误解。

6.忌花言巧语，虚伪客套。

态度诚恳，实事求是，讲心里话，注意分寸。不说虚伪的客套话。

7.忌显示自己有恩于人。

在交往中，不要多谈自己的好处，应该常提受人恩德的事。

8.忌了解自己不该知道的事。

不可多嘴多舌，贸然打听别人的秘密或隐私，使对方受窘。

9.忌幽默过度。

朋友之间，熟人之间开开玩笑是免不了的。它不但可以活跃气氛，融洽关系，增进友谊，还可以使开玩笑的人具有幽默感。但是，凡事都有个“度”，超越了这个“度”，不但达不到预想的目的，还会弄巧成拙，适得其反，开玩笑也是如此。

10.忌随便发怒。

喜怒哀乐，本是人之常情，也是人的内心世界的真实表现。俗话说“气大伤身”，发怒者会给自己的身体带来不良的影响自不必说，还要影响发怒者的自身形象。因为人们常会认为发怒者缺乏修养，不宜深交。

11.忌口出恶语。

俗语说："良言一句三冬暖，恶语伤人六月寒。"在社交活动中应极力避免恶语的出现。恶语是社交之大忌。但是，只要我们每个人都从我做起，不断提高自身素质和修养，注意语言美，充分认识到尊重别人，就是尊重自己，伤害和侮辱他人的同时也贬低了自己，那么，在社会交往中就不会出现恶语伤人之事了。

12.忌搬弄是非。

所谓飞短流长，意思就是说长道短，评论他人的好坏是非。这同样是社交之大忌。常言道，人与人交往贵在真诚，要以诚相见。那种当面是人背后做鬼，私下议论别人是非的做法，是不利于团结的，而且会伤害朋友之间的感情，最终使你失去朋友。

13.忌言而无信。

社会交往中，信用二字至关重要。自古就有"一诺千金，一言百系"，"一言既出，驷马难追"的说法。因此，要让别人相信你，尊重你，你就必须要言而有信。

古人云："人无信，不可交。"如果言而无信，在社交场合中就不会有自己真正的朋友。

自制力是交际的保险锁

"果果，下周爸爸带着你去泰山玩，好不好？"爸爸笑着问果果。

果果高兴地从床上跳了下来："好啊，好啊！我要去，我要去！"

这时，妈妈及时制止了果果过于亢奋的行动："果果，现在已经是晚上九点多了，邻居都已经休息了，尤其是隔壁屋的王奶奶有心脏病，你这样大声嚷嚷会把人家吓到。"

果果的实在是太高兴了，她控制不住自己了，在原地蹦啊蹦啊蹦。

"果果，不可以乱蹦。"妈妈再一次批评她。

"又怎么了？我又没有喊？"果果实在不理解妈妈为什么总是限制她的行动。

"你这样蹦蹦跳跳，楼下住的人受得了吗？"妈妈说，"好孩子，妈妈知道你心里很高兴，不过你要学着控制自己，要有自制力，对不对？"

"嗯，好吧。" 果果想：留着体力，到时候去泰山上蹦吧。现在——回屋休息。

【妈妈给女儿的悄悄话】

自制力强的人，能够理智地对待周围发生的事件，有意识地控制自己的思想感情，约束自己的行为，成为驾驭现实的主人。自制是日常行为的一把保险锁，它要求我们能够以理性来平衡自己的情绪，接受理性的指引，先"谋定而后动"，管住自己的言行和举止，而后引导所有积蓄的力量流入成功的海洋。

如果一个人有缺乏自制的习惯，总是让自己的情绪主导着一切，口无遮拦，行无规矩，随心所欲，没有规划，也不会有目标，最终也达不到成功的彼岸。

东汉末年，杨修以才思敏捷、颖悟过人而闻名于世，他在曹操的丞相府担任主簿，为曹操掌管文书事务。曹操为人诡谲，自视甚高，因而常常爱卖弄些小聪明，以刁难部下为乐。不过，杨修的机灵、颖悟又高过曹操，致使曹操常常生出许多自愧不如的感慨和酸溜溜的妒意。

建安十九年春，曹操亲率大军进驻陕西阳平，与刘备争夺汉中之地。刘军防守严密，无懈可击，又逢连绵春雨，曹军出战不利。曹操见军事上毫无进展，颇有退兵的意思。

这天，曹操独自一人吃着饭，同时也在思考下一步的行动。一个军令官前来请示曹操，当晚军中用什么口令。军中规定每晚都要变换口令，以备哨兵盘查来人。此时，曹操正用筷子夹着一块鸡肋骨，于是脱口而出："鸡肋。"军令官听了也觉没有什么奇怪。

消息传到杨修耳里，他便整理笔札、行装，做离开的准备。一个年轻的文书见状后问道："杨主簿，这天天要用的东西，有什么好收拾的？明天还不是要打开？"

"不用了，小兄弟，我们马上就可以回家。"杨修诡秘地一笑说。

"什么？要回家了？丞相要撤退，连点蛛丝马迹也没有啊。"小文书不解地看着杨修。

杨修淡然一笑说："有啊，只是你没有察觉到罢了。你看，丞相用'鸡肋'作军中口令，'鸡肋'的含义不就是'食之无肉，弃之可惜'吗？丞相正是用它来比喻我军现在的处境。凭我的直觉，丞相已考虑好撤军的事了。"

消息又传到夏侯那里，夏侯听了也觉得有理，便下令三军整理行装。当晚，曹操出来巡营时一见，大吃一惊，急令夏侯来查问，夏侯哪敢隐瞒，照实把杨修的猜度告诉了曹操。对杨修的过分机灵早已不快的曹操，这下子抓到了把柄，立即以惑乱军心的罪名，把杨修杀了。

后来的事实证明，曹操虽杀了杨修，终于还是下令退离了汉。然而，就杨修而言，他早晚必死无疑。因为他几次三番地恃才傲物，逞口舌之快，不能在曹操面前收敛自己，而把小聪明用在一些无用的小事上面，又不顾忌上下尊卑，随心所欲地言行。正是因为他不能够控制自己的言行，才招来了杀身之祸。

自我控制的能力是高贵品格的主要特征之一。能镇定且平静地注视一个人的眼睛，甚至在极端恼怒的情况下也不会有一丁点的脾气，这会让人产生一种其他东西所无法给予的力量。人们会感觉到，你总是自己的主人，你随时随地都能控制自己的思想和行动，这会给你品格的全面塑造带来一种尊严感和力量感，这种东西有助于品格的全面完善，而这是其他任何事物所做不到的。

由此可见，自制力是多么的重要。如果我们想为人生的画卷描绘美丽的图案，则有必要学会在大小事上进行自我控制。必须学会容忍和控制，感情必须服从于理性判断。你必须尽量避免坏的心情、坏的毛病、骄傲狂妄的心态等。这样，成功的钥匙才有可能掌握在你自己手中。

完美女孩的必备素养

学校的社团要举行“完美女孩大评比”，要求每班推选一位可以算得上是“完美”的女孩参加全校的评比。大家都饶有兴味地积极参与。

“我眼中的完美女孩就是媛媛，我给媛媛投票。”沙沙首先表态。

“这种活动完全就是换汤不换药嘛，就是评比三好学生的翻版，要求是德智体美劳全面发展的好同学呗！”木木说。

“或者是自立、自强、自尊、自爱、自理的五‘自’好学生吧。”花花跟着补充说明。

“其实就是在综合评比分数最高的意思啦。” 沙沙也跟着发表了自己的意见。

沙沙想：所谓的完美女孩，就是让人看着最舒服、无可挑剔的女孩吧。这个完美女孩，并不是每个女孩都当之无愧，比如我就有很多的缺点：我很粗心，有时不够理智，没有什么特长，脾气也不是特别好。无论是从外观上还是从内在的涵养上好像都算不上是。距离完美女孩有很大的一段差距。

那么完美女孩应该具备哪些素养呢？沙沙很想听听妈妈的意见。

【妈妈给女儿的悄悄话】

一个完美的女孩应具备哪些准则呢？以下的若干要点是每个好女孩都不可以缺少的。

1.健康。

在当今的时代，林妹妹的模样已经不再招人喜爱。健壮得如同春天阳光里蹦出来的小鹿，活力逼人的女孩。

2.善良。

善良是完美女孩最好的名牌。关爱身边的弱者，力所能及之下，我们应该伸出友爱之手。

3.自爱。

一个不懂得自爱的女孩，如何叫别人来喜欢你呢？一个女孩需要的是人格独立、经济独立，对自己的身体和灵魂自爱，只有自爱的人才会美丽，也才会被人所爱。

4.理智。

女孩的身边往往充满诱惑，抗拒这种诱惑的唯一有效武器就是理智。女生总是难以拒绝鲜花和甜言蜜语。一个完美的女生会懂得在适当的时候说“不”，一个柔弱的外表下应该有一颗爱自己的坚强的心，理智打造了一副不受伤害的防御盔甲。

5.聪慧。

一个满分的女孩不应该只有漂亮的外表就够了，如果连嘲讽都会听成赞美的女孩，再风姿绰约也显得奇丑无比。并不是说会写字的就是才女，也并不是说不愚蠢就叫聪慧。

6.纯净。

世俗的颜色太多，纯净往往就像背道而驰，纯净看似是天生的通透，实则是一种品质。一个女孩保持着青春的原始性是美好的。市侩得斤斤计较，功利得睚眦必报统统与这种女孩无缘。“不省人事”的女孩往往更加让人疼爱，在她们无辜眼神的逼视下，即便是再凶恶的人也愿意弃械投诚。

7.讲信用。

俗话说人无信不立，而女孩更应该如此。千万不要以为迟到是女孩的特权，说话不算数是女孩的专利。女孩调皮固然可爱，但是只要在大是大非上面讲信用，怎么胡闹都可以。

8.独立。

北京大学的校园里有一块石碑，上面写着“自由之思想，独立之人格”，这句话就如同座右铭，阐明了独立对人格完整的重要性。如果人格都不完整的话，那又何来的完美呢？现在是一个男女平等的时代，学习独立、生活独立、经济独立，独立的女孩才有自信的骄傲。

9.有追求。

追求，通俗一点讲就是理想。一个没有追求的女孩是可耻的，她们只会日显平庸。

10.才艺。

无论是什么才艺，多少会一点：说说流利的英语，演段小品，唱唱歌，背背古诗，弹吉他……完美的女孩懂得藏拙，自己留一手，在最关键的时刻展示最拿手的才艺。

11.勤劳。

俗话说，没有丑女孩，只有懒女孩。早起的鸟儿是有虫吃的，没虫吃也可以多蘸点新鲜露水，养颜美容。

12.温柔。

任何一个女孩缺了柔顺的性格、温情的话语都变成了小男生。火候刚好的温柔惹人喜爱。

13.善解人意。

善解人意是一种不可或缺的睿智，出现在女孩的身上尤为光华夺目，能理解人的女孩，可以称之为完美。

14.孝心。

孝心是一切美德的根源，一个有孝心的女孩能给人一种稳定的安全感，似乎持重、从容、包容、信任这样的品质都是建立在孝心的基础上。乌鸦尚且知道反哺，作为人怎么可以忤逆不孝。

15.美丽。

美丽包括生理上的和心理上的，外貌的美丽与生俱来，不能选择，都说十八无丑妇，青春就是最美。但是我们也不可以肆无忌惮地盯着满脸的痘，说这是青春的探照灯，适当的修饰非常必要。修饰最讲究一个度，要恰如其分地张扬自己的青春。

Chapter9

自强自立，为未来铺就幸福路

——说给自信优雅的你

自强自立是一种良好的品质，就是内心强大，不依赖别人；不安于现状，勤奋、进取，依靠自己的能力和努力不断向前。

女儿，你要记住：生命从没有坦途。人生的海洋不可能永远风平浪静，你要勇敢一点，再坚强一点。任凭急流险滩，只要你内心强大就能战胜一切困难，就能活出女孩的美丽，活出女孩的优雅，活出女孩的自信。

不要轻易让机会溜走

“豆豆，这么简单的题目，你难道不会吗？”老师匪夷所思地望着豆豆。

“啊！”豆豆吃惊地张大了嘴巴，这样简单的题目，我怎么会做错了呢？哎！当时在粗心，一下把步骤跳过去了，“老师，这道题我真会……”

“在这个地方失分就太可惜了。”老师的谆谆教诲让豆豆无地自容，“这道题目根本就没有难度梯度，完全就是要给分的题，你竟然做错了。”

如果这道题目豆豆没有做错的话，可以多得6分。

豆豆曾经下过多少次决心，自己都不记得了。她一遍又一遍地告诉自己：这种不应该扣分的题，一定要拿到分数，可是她总是错过这样拿分的机会。

考试是如此，没有抓住给分的机会，自然成绩不会理想。其实，生活中的很多事情，又何尝不是如此呢？当葱头热情地为豆豆讲题的时候，豆豆就失去了一次思考的机会；当花花拉着豆豆逛街的时候，豆豆就失去了一点学习的时间。

哦，机会就在眼前，怎么去做，需要自己把握。

【妈妈给女儿的悄悄话】

“答案怎么是这个！太奇怪了！”

“都怪我自己！我怎么没想到这个才是最正确的呢？”

“你看你看！我就说你当时就不能选这个，现在后悔了吧？”

很多人会有这样的体会，在做题目时明明自己小心了再小心，可是答案最后还是选错了，尤其是在做逻辑分析题时，正确的几率就更小了。其实这是因为题目具有一定的隐藏性，答案就像和你做起了捉迷藏的游戏，你要给自己一双慧眼，能够敏锐地洞察，否则那个神秘的答案终究不肯出现。

或者是在旅行时，为了找一条风景更优美的路，在看起来幽静美丽的林荫道与一条杂乱无趣的路之间，往往很多人容易选择前者，而后者却很可能在百步之后便会发现是风光无限。

很多时候，答案往往具有隐藏性，这就需要每个人都睁大慧眼，只有这样，才能到达成功的终点。

非洲的草原上，一匹狼气喘吁吁地跑着，三个昼夜的躲藏和奔跑已经让它随时有倒下的可能了。它的汗水流下来，一滴一滴地掉在身下肥沃的土地上，滋润着绿油油的小草。它的舌头向外伸着，它的腿像灌满了铅，饥饿、疲劳牢牢地抓住了它，但它偶尔回头时那坚定的眼神似乎在告诉那个穷追不舍的狩猎者：我不会放弃最后一丝希望。

这是一个经常狩猎的富翁，虽然惊叹于狼的坚韧，但他依然紧紧地跟着这只疲惫的狼。

狼愈来愈慢，最后被迫到了一个类似于“丁”字形的岔道上，此时，正前方是迎面包抄过来的向导，他也端着一把枪，狼夹在中间。富翁以为这匹狼会选择岔道，谁知，这匹狼并没有这么做，而是出人意料地迎着向导的枪口冲过去。狼在夺路时被捕获，它的臀部中了弹。

这让富翁十分费解：狼为什么不选择岔道，它冲向向导是准备夺路而逃？难道那条岔道比向导的枪口更危险吗？

面对富翁的迷惑，向导说：“埃托沙的狼是一种很聪明的动物，它们知道只有夺路成功，才能有生的希望，而选择没有猎枪的岔道，必定死路一条，因为那条看似平坦的路上必有陷阱，这是它们在长期与猎人周旋中悟出的道理。”

这不由得让富翁陷入了沉思。

坐在草地上，回想历次的狩猎，富翁第一次感到如此触动。过去，他曾捕获过无数的猎物——斑马、小牛、羚羊甚至狮子，这些猎物大多被当作美餐，然而只有这匹狼却让他产生了“让它继续活着”的念头。

就在向导要剥下狼皮的那一瞬，富翁制止了向导。他问：“你认为这匹狼还能活吗？”向导点点头。富翁打开随身携带的通信设备，让停泊在营地的直升机立即起飞，他想救活这匹狼。

直升机载着受了重伤的狼飞走了，飞向500公里外的一家医院。

据说，那匹狼最后被救治成功，如今在纳米比亚埃托沙森林公园里生活，所有的生活费用由那位富翁提供，因为富翁感激它告诉他这么一个道理：在这个相互竞争的社会，真正的机会也会伪装成陷阱。

所以，在选择之前，一定要给自己一双慧眼去做出正确的选择。

让自己的内心变得强大

妈妈的书桌上放了一本书《假如给我三天光明》，寒寒好奇地拿起来翻看着。

“寒寒，你在做什么？”妈妈问，“哦，你在看那本书啊。”

“妈妈，海伦·凯勒是什么人啊？”寒寒问。

“她是美国著名的盲聋教育专家。她最令世人称道的地方就是她很坚强，因为她在2岁的时候因为猩红热而失明，而且双耳失聪。”

“啊！那她还是成了教育专家。”寒寒感到很惊讶。

“是啊，因为她敢于和命运抗争。你知道她小的时候是通过感受喉咙的变化而逐渐摸索发音的，这是多么的不容易啊。后来她还考上了大学。”

“哇！真不简单。”对于这个海伦·凯勒，寒寒感到由衷地赞叹。

“是的，因为她的坚强，所以在她成名之后受到很多人的关注和敬仰，尤其难得的是她将精力专注于对盲童和聋哑儿童的教育方法研究上，这样的奉献社会的精神，很受世人的称道。”

“通过自己的艰苦抗争取得成就已经极其难得，而她居然还想到了要奉献社会，真是太值得尊敬的一个人。”寒寒由衷地赞美她。

“你知道吗？当她去日本访问的时候，当时的日本政府破例请她用手触摸日本的国宝——鉴真和尚塑像，这在日本历史上还是史无前例的，可见她在世界各地备受尊敬。”

“嗯，她是一个勇敢坚强的典范，所以无论给她什么样的礼遇，都受之无愧。”寒寒说。

了解了海伦·凯勒，寒寒心中突然涌起了一股正气：做人应当如此。

【妈妈给女儿的悄悄话】

坚强是一种品性，是千锤百炼磨砺出来的结果，坚强是每一个人在不幸中支撑身心的精神脊梁。

而对于生活的不如意，女性似乎成了“柔弱”的代名词。但柔弱不等于软弱，女人也有自己的脊梁；不是经不起风雨的花草，而是傲然挺立的木棉。

女人的坚强也许不会像男人那样有英雄气概、惊天动地，但是在巨大的人生灾难面前,她们往往比男人更加坚强和出色。经历过风雨的女人，坚强可以使她们更从容地面对生活。

台湾影星王思懿，在演艺事业取得巨大成功前，曾遭遇过理想破灭的巨大打击。

王思懿从小酷爱舞蹈艺术，为了跳好一个动作，练习上百次。从小学到中学，最终考上了艺专舞蹈科。

在舞台上翩翩起舞，这是王思懿最美丽的梦想。她的形体条件很好，双腿修长，身段苗条，天生就是块练舞的材料。她的个性又十分要强，凡事喜欢冒尖，所以学习上刻苦用功，进步很快，成绩一直名列前茅。

天有不测风云。在一次腾空飞跃交叉舞步的练习中，王思懿不慎跌倒，腿部关节的韧带因此拉断，医生告诉她不能再跳舞了。王思懿一向将舞蹈视为自己的生命，将舞台视为自己唯一的世界，突然遭受到如此打击，她伤心地落下了眼泪。

坚强的王思懿不甘心就这样放弃自己的梦想。伤愈之后，她仍然回到学校，坚持上课习舞。尽管她的舞蹈还是有相当水准，但她越来越明显地感到力不从心，艺术上已无法再有新的突破、新的超越。于是到了三年级时，她怀着极为无奈、极为痛惜的心情，从艺专休学，去寻找属于自己的新的发展空间。

她选择了广告模特儿的工作，幸运的是，她很快成了这一行业的新宠。不久她又投入影视圈，并逐渐走红。她从此走上家喻户晓的明星之路。

王思懿的成功，首要的原因就在于她能以坚强的信念支撑自己。尽管遇到了严重的挫折，看似步入绝境，也不放弃希望，而是用积极的心态引导自己开创一片新的未来。

《易经》曰："天行健，君子以自强不息。"

我们或许比王思懿幸运一些，没有遭受过那么大的打击。但谁又能完全避免挫折和失败呢？每一天，都可能有不如意的事情发生，比如面试没有通过，比如被老板责备，比如受到不公平的待遇……

哭泣是允许的。痛哭一场，洗净你心中的尘埃，然后擦干泪水，你还是你，一个坚强的你。再对自己念一遍那句经典的台词："明天又是新的一天。"

坚强是一种傲人的勇气。坚强是困境之中一抹浅浅的微笑。坚强是失败后一个坚定的眼神。女人用坚强守护心灵的沃土，懦弱才不会乘虚而入；女人用坚强交上生命的答卷，灵魂才会在美好的港湾停泊、歇息。坚强可以让你坦然面对一切突如其来的挫折，将这些挫折转化为动力，从中总结经验教训，最终创造出辉煌的人生。

打败困难这只“纸老虎”

葱头的雷人签名：要么好好活着，要么赶紧去死。

“既然选择了生，那我们就不要抱怨了，无论处在什么境地，都要乐观地活下去。如果不是这样，整天怨天尤人的，那生命有什么意义呢？什么样的好生活不是自己创造的呢？”

朵朵听了葱头的一番言论，不禁向她挑起了大拇指：“好样的葱头。”

媛媛说：“很多时候就是这样，越是成就大的人，越是遭遇过比常人多的苦难呢。”我想起来一个那天在杂志上看过的故事：

18世纪，在法国里昂的一次宴会上，人们就一幅油画是表现古希腊神话还是历史发生了争论。主人眼看争论越来越激烈，就转身找他的一个仆人来解释这幅画。使客人们大为惊讶的是，这个仆人的说明是那样清晰明了，那样深具说服力。争论马上就平息了下来。

“先生，您是从什么学校毕业的？”一位客人很尊敬地问道。

“我在很多学校学习过，先生。”年轻人回答，“但是，我学的时间最长、收益最大的学校是苦难。”

这个年轻人为苦难的课程付出的学费是很有益的。尽管他当时只是一个贫穷低微的仆人，但不久以后他就以其超群的智慧使整个欧洲为之震惊。

他就是那个时代法国最伟大的天才——法国哲学家和作家卢梭。

花花听了之后不甘示弱："那天我还读到了一首诗，也是描写苦难的。让我给你们深情朗诵一遍吧：

在弱者的眼里，苦难是魔鬼；

在强者的眼里，苦难则是天使。

苦难让我们变得坚强，

苦难让我们始终保持着清醒的头脑，

苦难让我们知道一切都是如此来之不易……

感谢苦难，感谢那曾经带给我们无限苦痛的'命运女神'。"

【妈妈给女儿的悄悄话】

在自然界里，有一种蝉要在地下生活整整17年，这些蝉被称为"17年蝉"。17年一到，在极其有限的时间内，幼虫一齐涌出地面，一平方米的土地上同时有几百只幼虫进行着蜕变的过程。然后，爬到树枝上的蝉们，尽情地歌唱着生命的美好。蝉在地下生活长达17年，而在地上只能存活短短的两个星期。

短短的两个星期，就是蝉的一生。而人生也不过是百年，拿这百年与地球46亿年的历史相比，人与蝉都处于同样的境地，都不过是转瞬间的、不可预测的生命而已。

也许，正因为如此，生命之火燃烧着的每时每刻才显得十分珍贵。只有开朗而愉快地、乐观而勇敢地生活，才能体现出生命真正的价值。

人生在世，贫穷、疾病、残疾、人际关系恶化、破产等种种困难，不胜枚举。一个人在痛苦中挣扎时，往往缺乏冷静，所以，很容易忽视周围的一切，认为全世界就自己是个倒霉鬼，就自己一个人处于困境之中。

太阳很亮的时候，生命就在阳光下奔跑。当太阳熄灭，还会有那一轮高挂的明月；当月亮熄灭了，还有满天闪烁的星星，如果星星也熄灭了，那就为自己点一盏心灯吧。无论何时，只要心灯不灭，就有成功的希望。

美国一种家喻户晓的美食叫“琼斯乳猪香肠”，在它的发明背后有一个催人泪下的与命运做斗争的故事。该食品的发明人琼斯原来在威斯康星州农场工作，他身体强壮，工作认真勤勉。可天有不测风云，在一次意外事故中，琼斯瘫痪了。

但是，琼斯始终没有放弃与命运做斗争。他决定让自己活得乐观、开朗些，做一个有用的人，他不想成为家人的负担。他把自己的想法告诉家人：“我的双手虽然不能工作了，但我要开始用大脑工作，由你们代替我的双手。我们的农场全部改种玉米，用收获的玉米来养猪，然后趁着乳猪肉质鲜嫩时灌成香肠出售，一定会很畅销!”

苍天不负有心人，事情果然不出琼斯所料，等家人按他的计划做好一切后，“琼斯乳猪香肠”一炮走红，成为人人知晓、大受欢迎的美食。

天无绝人之路，生活中有难题，同时也会给了我们解决问题的能力。琼斯能够成功，是因为他坚信人生没有过不去的坎儿，坚信冬天之后有春天。他在困难面前没有低头，而是另辟蹊径，终于迎来了成功。

生活中不可能总是阳光明媚的艳阳天，狂风暴雨随时都有可能来临。每一个人都要以一种勇敢的人生姿态去迎接命运的挑战，跌倒了再爬起来，坚持下去，就一定能成功。

一个人最大的危险是迷失自己，特别是在苦难接踵而至的时候……但坚强者始终高昂着那颗不愿低下的头。因为他心中有盏灯，点亮了所有的黑暗，那盏灯就是坚强者永不放弃的希望。

无论一个人多么不幸，无论生活有多么难，只要心中有希望，就一定能走出阴霾。

正确地认识和评价自己

小华读书的时候，看到一个很有趣的故事：

这是一只狐狸觅食的故事，早上，狐狸欣赏着自己在晨曦中的身影说："今天我要用一只骆驼作午餐!"整个上午，它奔波着，寻找骆驼。但当正午的太阳照在它的头顶时，它再次看了一眼自己的身影，于是说："一只老鼠也就够了。"

读到这里，觉得那只狐狸很好笑。它总是不能正确地认识自己，总是觉得自己的影子就是自己。上午的时候认为自己无比强大，到了正午就认为自己渺小得不得了。为什么它就不反省一下呢?

小华跑到外面去找妈妈，给妈妈讲了这个故事，妈妈听了之后，笑着说："原来小华也知道反省很重要啊。"

"很多时候，人最不能看清的就是自己。如果过高地看待自己就会妄自尊大，过低地看待自己又容易自卑。所以，要想正确地认识自己，不能单凭个人的主观想象。"

【妈妈给女儿的悄悄话】

小华，妈妈想给你介绍一位美国历史上的著名人物——阿尔伯特。

阿尔伯特·哈伯德是美国著名的成功学家、著作家、出版家。他的思想，上承美国开国元勋富兰克林所主张的勤俭、忠诚的商业精神，下启当代社会学家马克斯·韦伯倡导的财富、进取、成功的新教精神，成为美国民族精神的奠基人之一。他与富兰克林、爱默生、林肯、卡耐基一样，被奉为美国文化的象征和世界青年的偶像。

刚生下来的时候，阿尔伯特右面的眉角就有一颗痣，随着他的长大，这颗痣也越来越大，最后像一个黄豆粒那么大。因为这颗痣，他感到自卑过，为此，他不但埋怨父母把他生成这副模样，他还总是在面对别人的时候尽量以左侧示人。等到了高中，去理发厅的时候，他告诉理发师把前面的头发留得长点，好遮住那颗痣。

这颗痣让他孤独了整整19年，为了掩饰自己的自卑，他故意不和别人来往，在老师和同学们的眼里，他简直就像一个怪人。直到有一次，在外出旅行的路上，一个活泼可爱的女孩子惊叹地叫道："你的这颗痣真的很特别呢！"他看出了对方眼里的真诚，头一次不再沮丧。

回到家后，有人提到他的痣时，他可以大大方方地，甚至是调侃着像别人介绍他寸步不离的"好朋友"，渐渐地，他惊奇地发现，他再也不会觉得难堪了。

"也许我并不认识自己。"他想，随后开心地笑了。

"妈妈说我做什么都没心没肺的，也不知道关心人，我想以后我就是这样了吧？”

现实生活中，很多人往往由于各种原因，对自己没有一个正确的认识。我们经常发现这样的人，由于他对自身的某方面不满意，从而拒绝认识自己，不承认或不接受自己的真正面目而伪装出另一个表象来。有人出身贫贱，却极力想挤入权贵的行列……

不能容纳自己的人，或者离群独居不和别人交往，或者自暴自弃不思进取，或者对别人采取不友好的敌视态度。社会学中将自我认识称为人的“第二次诞生”，也就是继肉体自我诞生之后，精神自我的诞生。而“第二次诞生”主要来自以下三个方面：

1.从与别人的比较中认识自我。

通过与周围人的比较，与圣贤或普通人的比较，认识自我在这些参照系中所处的位置或水平。

2.从别人的态度中把握自我。

在社会交际中，他人就是一面镜子，只有在与他人的互相比较中，我们才了解自我。我们因看不见自己的面貌，就得照镜子。我们估量自己的人格品质和行为，就得利用别人对自己的态度和反应，以此来获得一些评价，并通过这些评价来了解和认识自我。

3.从成绩中认识自我。

各人所具潜能的性质不相同，有人拙于文字而长于工艺，有人不善辞令而精于计算。如果只看少数项目上的成绩，往往不能察见一个人的才能和禀赋的全貌。因此，要全面客观地认识自我。

能够正确认识自我的人既能接受自己的长处，又能容忍自己某些方面的短处。当然每个人都会努力谋求自身的发展，也会希望增进本身的各项品质，使自己趋于完美。但是人各有其短处或缺陷，其中有一些可能是无法补救的，或者是只能做有限度的改善。在这种情况之下，能够正确认识自我的人就能泰然接受那种缺陷，而不是以为羞惭。这样他就无须花费气力及精神，在别人面前掩饰，由此他才可能集中全力来发展自己。

视野放宽生命才有意义

一天晚饭过后，妥妥和妈妈在小区的花园里散步，一边走一边聊。妥妥对妈妈说："我一定要好好学习，将来考上好大学。"

妥妥这一番话让妈妈感到诧异："奇怪，妥妥这是怎么了？以前很少听到你要主动好好学习啊。其实，妈妈并不是要求你一定要上大学，只要你能够认真学习，掌握一定的知识和能力，将来能在社会上立足就行了。"

妥妥说："大学生活多好啊！上了大学之后，没有老师和家长的管束，也没有那么多的作业。每天都可以过无忧无虑的生活。"

妈妈很好奇地问："妥妥，这些是谁和你说的呢？"

"是表姐啊。"妥妥告诉妈妈，"她说她有3天都没去上课，和同学出去旅游了。老师居然没有请她的家长，真是太自在了。"

妈妈听了妥妥的话，郑重地说："妥妥，这就是你想去上大学的理由吗？如果你很想去玩的话，妈妈可以给你请假，带你出去玩。不是所有的大学生都像你的表姐那样优哉游哉地混日子。她现在还没有找到自己的目标和方向，其实那种空虚无聊的生活过长了是很痛苦的。"

妥妥疑惑地问妈妈："是真的吗？她是那样的悠闲，没有做不完的作业，也没有人规定她每天必须做什么，她有什么可痛苦的呢？"

妈妈看妥妥很疑惑的样子，微笑着道："那是当然了，一个人整天都无所事事，靠打发时间过日子，不知道自己想要干什么，也不知道自己能干什么，那活着还有什么意思呢？他们整天只会空想，而不去积极地实践，天天都无精打采的，时间久了就会失去喜悦和快乐的感受，你说这样的人活着会快乐吗？"

妥妥明白了妈妈的话的意思：作为一个人，眼光一定放得长远，生命才更加有意义。

【妈妈给女儿的悄悄话】

生活中，遭遇失败，人们最常做的就是自我否定：是我能力太差了！或者就是抱怨自己命运坎坷。面对失败，人们很容易忘记：人生并非为失败而来，而是为成功而来。

不幸的是，不少人已经沉浸在这种消极的思想中：我就是不行，只能一事无成。因此丧失了活力，在生活中漫无目的地游荡，没有了目标，没有了意义。

如果你无法跨越自己视野的界限，就像推着小推车收瓶子。捡破烂的人，一旦认为自己只能干这个，那他就会一辈子推着晃晃悠悠的小车子走街串巷收破烂。

其实，每个人都是自己心中的"No.1"，每个人的能力都是无限的，只有跨越视野的界限，他才能够最大限度地运用自己的能力。

我们该如何以有限的能力做出有口皆碑的伟业呢？

首先，我们要盘算一下自己所有的能力，通过盘点，我们也许会发现自己有哪项才能，有哪些发展的潜力，从而确保获得令人满意的成功。然后在此过程中问问自己：我的能力是否可行。

其次是约束我们的能力，使之得以最大限度地利用。成功需要远见和勤奋，需要思考和关注。细致地准备是我们发挥能力不可或缺的过程。世界上尚未发现的最伟大的资源就蕴藏在我们每个人的体内。发挥自己的能力是我们的责任。

有人竞赛获得了大奖，有人顺利地考入满意的学校，还有的人得到了公费出国的机会。嫉妒的人会说："这家伙，真走运，他总是那么顺利，命运怎么就那么青睐他呢？"

可是，现实生活中的幸运、机遇、突破和成功几乎没什么关系。所谓的"幸运"，通常在"有所准备"碰上"机遇"的那一刻才会出现。即使曾有一段时间，被机遇"拉"着走的人会占一会儿上风，但最终还是"推"着机遇走的人会代替被机遇"拉"着走的人。真正的成功其实有赖于我们的实实在在地努力。

生活中很多人往往没有一个使命和目标，他们随意漂流，浪费了能力，拒绝了成就和自我的实现，于是也就失去了与自我实现相关联系的满意和喜悦。

这些人之所以没能发挥出他们的能力，就是因为他们无法超越自身视野的障碍，总认为自己能力差，所以也就一事无成。

迎接挑战，永不放弃

有一次学校组织大家到郊区的山上去玩。但是山路崎岖，大部队无法前进，加之路旁的景色很多，会有同学三三两两地聚在一起照相，于是班长建议分头行动。

“如果要是走丢了怎么办呢？”有人提出异议。

“没关系，我们相约到下面的那棵迎客松处集合。大家定个暗号吧，要不这样，喊地瓜，好不好？”另一个同学想出了这样一个好方法。

就这样，大家开始分头行动了。到了下午，大家正玩得正尽兴时，小丽发现自己已经脱离了大部分人群，只有葱头在她旁边。

“葱头，我们好像走错了。”小丽担心地看看周围。

“是啊，人都没了啊。我们是怎么走进来的？”葱头疑惑地问。

“我怎么会知道？我们现在该怎么办啊？”下午的时光霎时变得有点吓人，因为如果天黑了，我们就有可能走不出去了。

“别怕，这个山不是特别大，肯定能找到。”葱头一边说一边拉着小丽，“咱俩别再走丢了就行。”

两人四处乱撞，一边走一遍观察有没有人，葱头一遍又一遍地喊着暗号：“地瓜，地瓜。”

“不对，小丽，我们走错了。我们应该是往下走才会遇到人，如果往上走，肯定是错的。”“对呀，对呀，那我们赶快下去吧。”小丽也觉得有道理，及时改变了行进路线。

“小丽，没事，即便是找不着也没关系，我书包里有好多吃的东西，足够了。”葱头一边走一边开玩笑。小丽都要急哭了：“葱头啊，我们还是找到大部队吧。”

经过了近一个小时的探寻，她们终于看到了认识的同学。回头望一眼高高的山：刚才真是好险啊。只不过有一点小变化，那就是：葱头和小丽更加默契了。

【妈妈给女儿的悄悄话】

一个人在关键时刻绝不能丧失信心，更不能自暴自弃，只能不断地朝着有希望的方向前进，这一点很重要。

任何人在成长过程中难免会遇到挫折和困难，在困难面前跌倒是很正常的，关键是你能够重新从挫折中站起来，而不是被困难击垮，自暴自弃。

曾有这么一个故事：

有一群登山爱好者准备征服一座海拔6000米的高山。于是，他们组成一个小分队扎营在海拔2000米的山脚等待天气好转。他们当中有些是专业性的登山运动员，体魄健壮，经验丰富。

天终于晴朗了，微风轻吹，队员们开始行动起来，由经验丰富的队员带领出发了。

在攀登者脚下，高山有种驯服般的宁静，只有峰顶的冰川在阳光下闪着迷人的光辉。每个登山者都沉浸在攀登的乐趣中。他们用手提电台与基地保持着联系，不时地向遥远的家中通话，向亲人叙述他们在高山上所见的美景。

正当他们慢慢接近主峰的时候，灾难悄悄降临了。突然间，乌云翻滚，狂风肆虐，气温骤降。几个经验丰富的登山运动员知道情况不妙，要求大家全力返回。可是，由于在路上逗留时间过长，夜已慢慢逼近，按经验他们已无法下山，只能等营救人员前来。狂风如决堤之水，怒吼而来，许多队员的衣服被风撕破，手套也脱落了……

祸不单行的是，有位队员的腿部被飞石击中，出了大量的血，伤员痛苦地呻吟着。

风越吹越大，严寒也随之降临。伤员极其痛苦地喊：“我冷，我冷……”血流出后又很快结成冰。有一个登山者说：“现在天色尚未全黑，让我来背他下山，或许他会有救。”

“你这是去找死，营救人员马上会来的。”众人劝他。可是，他还是背起伤员努力向山下走去。

夜幕降临了，山上起了暴风雪，营救人员根本无法上山。第二天，营救人员发现在原处等待救援的人们紧紧挤在一起，已经僵硬了，救援人员在海拔4000米的地方发现了伤员和背着他的人，他们竟然还活着。

营救人员说在这种天气下能存活下来简直是奇迹。他们分析原因后断定，他们之所以能活着，是因为他们一个晚上都没有停止过高强度的运动。其实这样的分析并不完全正确，假若这些运动员被自己的心灵打败，自暴自弃，认为自己根本就已经没有了活下去的希望，那么即使他们做再多的高强度运动，仍然逃不出死神之手。

人生就是一次旅行，在旅行过程中可能有阳光普照，也可能有狂风暴雨，其实这些都不重要，重要的是你要拥有一颗坚强的心，在打击和挫折面前做个坚强的勇者，不被自己的心灵打倒。

请记住，坦然接受生活的挑战，永远不要放弃自己！

后记　写给青春期的你

也许昨天我们还觉得自己是永远长不大的小孩，而仿佛在一夜之间发生了变化，无论是从生理上还是心理上，就好比脱颖而出的春芽，从此走进了属于自己的青春时期。

在这个特殊的时期，我们会感到尴尬和矛盾，甚至是惶恐和不安。因为，这个时期是女孩转向成熟的关键时期。首先，青春期女孩的身体发生了较大的变化，会慢慢具备了女性的全部特征；其次，心理上也产生了巨大的变化，希望自己拥有成人的行动力。

这一时期的我们就像展开翅膀的小鸟，渴望冲出束缚，也不想再依赖父母，而是一心向着自己想象中的美好飞去。

青春期的女孩有自己的想法，但是缺乏克服困难的能力；她们想拥抱整个世界，但是无法摆脱内心的封闭；想尝试这个社会的新鲜，但是却时常出现种种的不适应。在我们成长的过程中，有希望，有失望；有甘甜，有苦涩。心中的疑惑，我们向谁诉说？遇到的问题，又该如何解决？想要成为优秀的女孩，应该做好哪些准备？

如果你想找到健康成长的密码，那就赶快打开这一本《好妈妈说给青春期女儿的悄悄话》。在这本书中，你一定能够找到自己的影子，收获更多的启迪。

处于青春期的我们，刚刚褪去了儿时的幼稚，满是青涩，还没有经历过岁月留下的沧桑痕迹。这时的女孩让人看到的是青翠欲滴的青春，摇曳生姿；让人想到的是无限美好的未来，含苞待放。希望每个女孩，在阅读本书之后，都可以成为美丽的天使。